Arwen Dammann
Valeska Hagner

IM BERUF *Neu*

Fachwortschatztrainer Pflege

Deutsch als Fremd- und Zweitsprache

Hueber Verlag

Übungen: Arwen Dammann

Wortschatz: Valeska Hagner

Fachliche Beratung: Magdalena Breitsameter, Fachkrankenschwester für Intensivpflege und Anästhesie, Wundexpertin und Praxisanleiterin – Klinikum der Universität München

Schaubilder auf Seite 86 ff.: Dr. med. Alfred Schmidt

Zu den so gekennzeichneten Übungen und zum Lernwortschatz gibt es Audiodateien, die Sie über die kostenlose *Hueber Media*-App für Smartphone und Tablet abrufen können.

Unter *www.hueber.de/im-beruf-neu* können Sie die Audios auch im MP3-Format kostenlos herunterladen. Dort finden Sie auch die Transkriptionen und die Lösungen zu den Übungen in diesem Trainer.

7. 6. 5.
2029 28 27 26 25

Die letzten Ziffern bezeichnen Zahl und Jahr des Drucks.

Alle Drucke dieser Auflage können, da unverändert, nebeneinander benutzt werden.

1. Auflage

Umschlaggestaltung: Sieveking Agentur, München
Layout und Satz: Sieveking Agentur, München
Verlagsredaktion: Ingo Heyse, Thomas Stark, Felix Steffan, Hueber Verlag, München
GPSR-Kontakt: Hueber Verlag GmbH & Co. KG, Baubergerstraße 30, 80992 München, kundenservice@hueber.de
Druck und Bindung: Friedrich Pustet GmbH & Co. KG, Gutenbergstraße 8, 93051 Regensburg, technik@pustet.de
Printed in Germany
ISBN 978-3-19-321190-3

Art. 530_24686_001_05

Inhalt

Anhang

Vorwort

Mehr als 900 Wörter aus dem Fachwortschatz Pflege wurden für diesen Trainer thematisch in 40 Wortfelder gruppiert. Je eine Doppelseite zu jedem Wortfeld bietet abwechslungsreiche Übungen und eine Liste des Lernwortschatzes mit Linien zum Eintragen der eigenen Übersetzung.

Die ersten zehn Wortfelder haben wir zum besseren Kennenlernen der Übungstypen konsequent mit Beispiellösungen versehen. In den Wortfeldern 11 bis 40 haben nur noch unbekannte Übungstypen solche Beispiellösungen.

Übungen auf der Grundlage eines Hörtextes sind durch ein Lautsprechersymbol besonders gekennzeichnet. Diese Hörtexte und die Vertonung des Lernwortschatzes sind über eine kostenlose App für Smartphone und Tablet abrufbar. Unter *www.hueber.de/im-beruf-neu* finden Sie die Audiodateien auch im MP3-Format zum kostenlosen Download. Sie können dort auch die Transkriptionen und die Lösungen zu den Übungen in diesem Trainer kostenlos herunterladen.

Einige Abbildungen mit den allerwichtigsten Begriffen zur Anatomie finden Sie ab Seite 86. Zum schnellen Auffinden einzelner Wörter dient das Wörterverzeichnis im Anhang ab Seite 90.

Viel Spaß und Erfolg mit unserem Fachwortschatz-Trainer Pflege
wünschen Ihnen
die Autorinnen und der Verlag

Einige Tipps fürs Wörterlernen

Karteikarten

Schreiben Sie die Wörter, die Sie lernen möchten, auf Karteikarten. Notieren Sie auf die Rückseite die Übersetzung und einen Beispielsatz. Besorgen Sie sich einen Karteikasten. Neue Kärtchen kommen ins erste Fach. Wenn Sie ein Wort können, wandert es ein Fach nach hinten. Die Wörter in den hinteren Fächern werden ab und zu kontrolliert. Beherrschen Sie eine Vokabel bei der Überprüfung nicht mehr, kommt sie wieder ins erste Fach. Das letzte Fach ist das Archiv. Aber auch diese Wörter sollten Sie gelegentlich überprüfen.

Wörternetze

Notieren Sie Wörter, die zusammengehören, in einem Wörternetz und sammeln Sie diese Netze. Wenn Sie ein neues Wort lernen, das dazu passt, ergänzen Sie Ihr Netz.

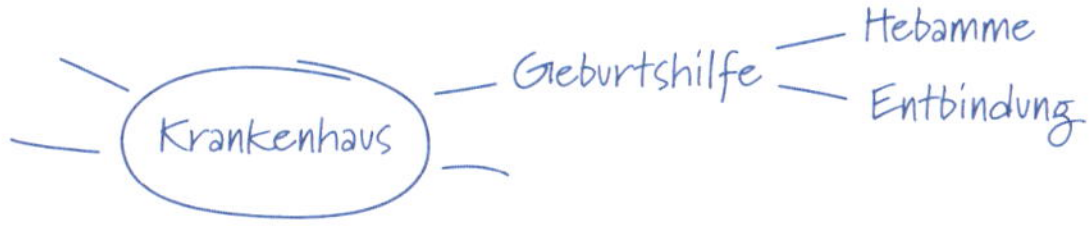

Wort-Bild-Karten

Schreiben Sie auf ein Kärtchen das Wort und kleben Sie auf ein anderes Kärtchen ein passendes Bild oder zeichnen Sie selbst. Mit einer Sammlung dieser Kartenpaare können Sie ein Memo-Spiel oder, wenn Sie ein Bild und ein nicht dazu passendes Wort zusammenkleben, Domino spielen. Das macht am meisten Spaß, wenn Sie mit mehreren zusammen spielen.

Diese Spiele funktionieren auch, wenn Sie Teile von zusammengesetzten Wörtern auf die Kärtchen schreiben.

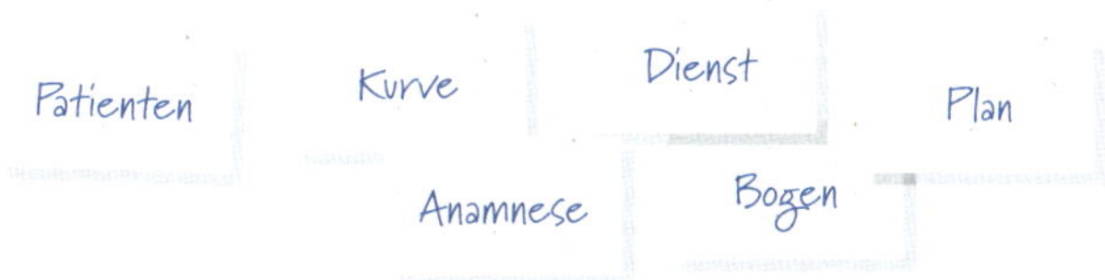

Schreiben

Schreiben Sie die Wörter öfter mal mit der Hand. Was man geschrieben hat, prägt sich besser ein, und mit der Hand funktioniert das besser als mit dem Computer.
Sie können zu den Wörtern auch Beispielsätze aus Ihrem Berufsalltag aufschreiben. Oder Sie schreiben Sätze, die den Begriff definieren.

Die Patientenkurve ist eine Grafik, in der man die Vitalwerte notiert.

Bewegung

Auch Bewegung hilft beim Lernen. Legen Sie die Lernwortschatzliste in die Küche und decken Sie die deutsche Seite zu. Schauen Sie ein muttersprachliches Wort an, gehen Sie ins Wohnzimmer und notieren Sie dort das deutsche Wort usw., bis Sie die Liste abgearbeitet haben.

1 Pflegeberufe und Fachgebiete

1 Ergänzen Sie.

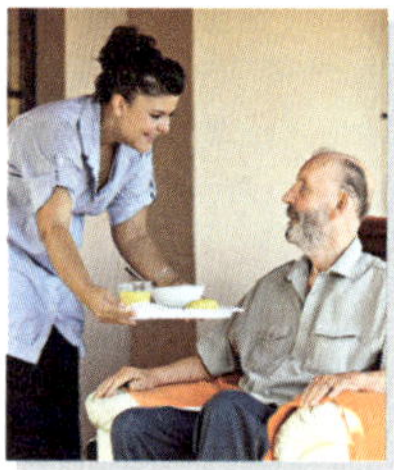
Altenpfleger/in

Ergotherapeut/in

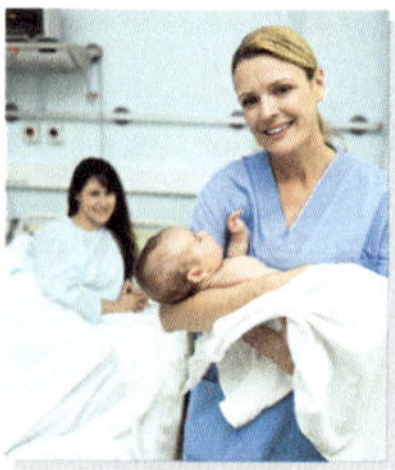
Hebamme / Entbindungshelfer

~~Logopädin / Logopäde~~

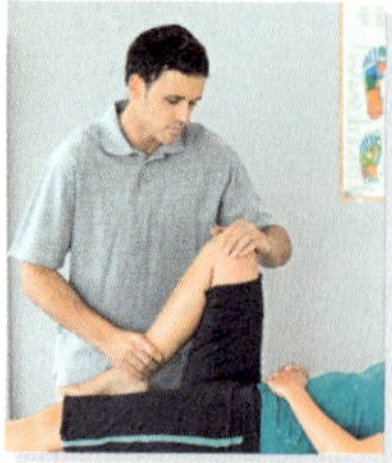
Physiotherapeut/in

1 Die Logopädin hilft bei Problemen mit dem Sprechen, Hören und Schlucken.
2 Die .... übt Alltagstätigkeiten, z. B. mit Menschen mit Behinderung.
3 Die .... betreut und pflegt Senioren.
4 Der .... macht Patienten wieder fit und mobil.
5 Die .... unterstützt Frauen bei der Entbindung.

2 Bilden Sie Berufsbezeichnungen. Hilfe finden Sie im Lernwortschatz.

~~Alten-~~ anästhesietechnischer Ergo- Gesundheits-und Kranken- medizinisch-technischer operationstechnischer Physio-

Assistent/in	Therapeut/in	Pfleger/in
		Altenpfleger/in

3 a Was arbeiten die Personen? Hören und ergänzen Sie.

1 Ich arbeite als medizinisch-technischer Assistent.
2 Ich bin .... von Beruf.
3 Und ich bin ....
4 Ich arbeite als ....
5 Ich arbeite als ....

b Wo arbeiten die Personen in a? Ordnen Sie zu.

A 4 Mein Arbeitsplatz ist in der Unfallchirurgie.
B ..... Ich arbeite in der Geburtshilfe.
C ..... Und mein Arbeitsplatz ist der Aufwachraum.
D ..... Ich bin auf der HNO-Station, kann aber auf allen Stationen arbeiten.
E ..... Ich arbeite im Labor.

4 Wohin muss der Patient gehen? Finden Sie die Wörter und ergänzen Sie.

OINNRÜRÖNTGENABTEILUNGLDSFGEBURTSHILFERINOCHIRURGIEFALAU
FRAUENHEILKUNDEBMEDUSININNEREMEDIZINARMPGEORTHOPÄDIEERUNGBE

1 Vielleicht ist Ihr Arm gebrochen. Sie müssen in die Röntgenabteilung.
2 Wir müssen Ihr Herz untersuchen. Sie müssen in die ....
3 Sie können Ihren Hals nicht mehr bewegen? Sie müssen in die ....
4 Ein Facharzt für .... ist für Erkrankungen von nicht schwangeren Frauen zuständig. Wenn Sie ein Baby bekommen, müssen Sie in die ....
5 Für die Operation müssen Sie in die ....

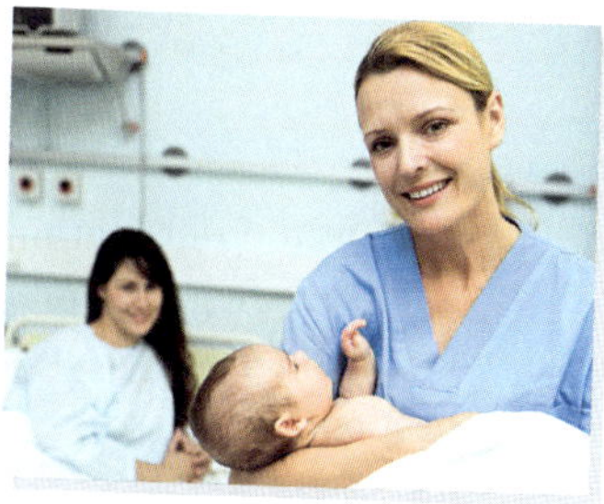

5 Wer arbeitet wo? Verbinden Sie.

1 die Hebamme
2 der Physiotherapeut
3 der operationstechnische Assistent
4 der medizinisch-technische Radiologieassistent
5 der Gesundheits- und Krankenpfleger

A in der Orthopädie
B in der Chirurgie
C in der Inneren Medizin
D in der Geburtshilfe
E in der Röntgenabteilung

6 Welchen Pflegeberuf finden Sie interessant? Auf welcher Station möchten Sie arbeiten? Notieren Sie.

Lernwortschatz

der Altenpfleger, – / die Altenpflegerin, -nen ....
der Assistent, -en / die Assistentin, -nen ....
anästhesietechnisch ....
medizinisch-technisch ....
operationstechnisch ....
der Aufwachraum, ¨-e ....
die Chirurgie (Sg.), die Unfallchirurgie ....
der Ergotherapeut, -en / die Ergotherapeutin, -nen ....
die Frauenheilkunde (Sg.) ....
die Geburtshilfe (Sg.) ....
die Hals-Nasen-Ohren-Station, -en (HNO) ....
die Hebamme, -n ....
die Innere Medizin (Sg.) ....
der Kinderkrankenpfleger, – / die Kinderkrankenpflegerin, -nen ....
das Labor, -e ....
der Logopäde, -n / die Logopädin, -nen ....
die Orthopädie (Sg.) ....
der Physiotherapeut, -en / die Physiotherapeutin, -nen ....
die Röntgenabteilung, -en ....
der Stationshelfer, – / die Stationshelferin, -nen / die Stationshilfe,-n ....

2 Auf Station

Stationszimmer

1 **Ergänzen Sie.**

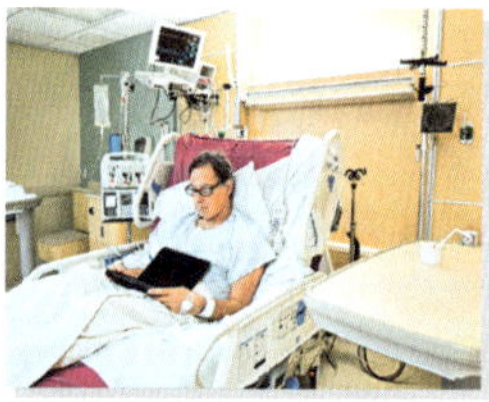

Patientenzimmer

Pflegearbeitsraum

Pflegedienstzimmer

Bei uns auf der Station geht vor allem das Pflegepersonal, also die Krankenpfleger und Krankenpflegerinnen, zu den Leuten in die *Patientenzimmer* [1]. Medikamente und Geräte holen wir aus dem .... [2]. Wenn die Kollegen für die neue Schicht kommen, besprechen wir kurz, was während der Schicht passiert ist. Diese Dienstübergaben finden im .... [3] statt. Meine Chefin ist Frau Müller, die Stationsleitung. Sie arbeitet im .... [4]. Außerdem gibt es noch Dr. Schneider, die Stationsärztin.

2 **Wo finden Sie die Informationen? Verbinden Sie.**

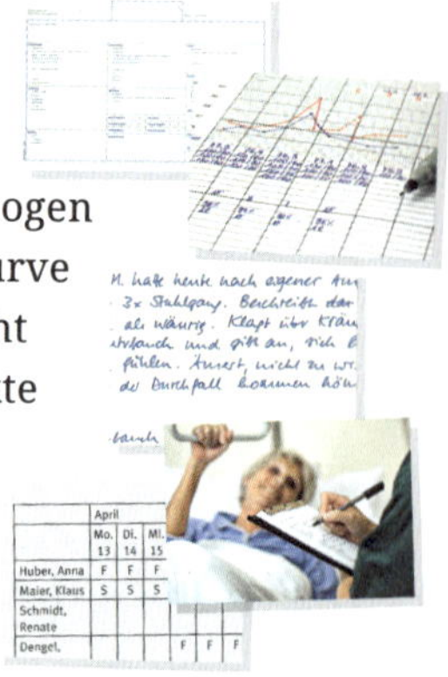

1 Welcher Kollege arbeitet heute Nachmittag?
2 Hat der Patient Allergien?
3 Hat der Patient gestern etwas gegessen?
4 Welchen Blutdruck hatte der Patient heute Morgen?
5 Welche Informationen gibt es über den Patienten? — A

A Anamnesebogen
B Patientenkurve
C Pflegebericht
D Patientenakte
E Dienstplan

3 **Ergänzen Sie.**

1 Wir schicken die [prutBloben] *Blutproben* täglich ins Labor.
2 Legen Sie Ihre [sertWachen] .... bitte nicht einfach in Ihren [tachtNisch] ....
3 Wenn Sie in dieses Patientenzimmer gehen, ziehen Sie bitte [klutzScheinudg] .... an und vergessen Sie nicht die [malEinschandhuhe] ....
4 Die [unWed] .... ist klein. Ein [erstlaPf] .... genügt.
5 Warten Sie einen Moment, ich habe keine [delNa] .... mehr in meinem [egwaPflenge] ....
6 Hier ist eine Nachricht in meinem [chFa] .... Darauf steht, dass wir morgen die [DVE] .... nicht nutzen können, weil wir neue Computer bekommen.

4 **Welches Wort passt nicht? Streichen Sie.**

1 Pflegebericht ~~Pflegepersonal~~ Anamnesebogen Patientenkurve
2 Stationszimmer Pflegearbeitsraum Dienstplan Patientenzimmer
3 Stationsarzt Krankenpfleger Stationsleitung Dienstübergabe
4 Wunde Pflaster Einmalhandschuh Nadel

5 **Finden Sie noch sieben Wörter und eine Abkürzung und sortieren Sie.**

E	I	N	M	A	L	H	A	N	D	S	C	H	U	H	E	T	E	G	P	E	Z	I
G	E	N	L	I	E	N	A	D	E	L	F	O	R	L	P	O	S	T	F	A	C	H
S	C	H	E	D	V	L	I	E	C	H	S	U	N	G	E	L	T	G	L	I	E	N
I	E	L	P	L	C	O	V	D	I	E	N	S	T	Ü	B	E	R	G	A	B	E	T
R	D	N	U	K	L	O	R	V	E	K	R	N	A	C	H	T	T	I	S	C	H	S
E	R	S	C	H	U	T	Z	K	L	E	I	D	U	N	G	L	I	N	T	G	E	U
V	O	R	W	E	R	T	S	A	C	H	E	N	N	D	H	A	S	C	E	H	U	M
W	R	U	Z	N	I	C	H	L	A	E	G	E	N	W	E	R	S	A	R	C	H	T

im Patientenzimmer	im Pflegearbeitsraum	im Stationszimmer
	die Einmalhandschuhe	

6 **Hören und ergänzen Sie.**

1 ◆ Kannst du mir mal helfen? Ich suche die Blutproben.
2 ○ Ich glaube, die sind noch im ....
3 ◆ Und hast du die .... von Herrn Freytag gesehen?
4 ○ Die hat die Chefin mit ins .... genommen.
Was sind denn das für Formulare?
5 ◆ Das eine ist der .... von der neuen Patientin
und das andere der .... von Herrn Freytag.

7 **Welche Räume gibt es an Ihrem Arbeitsplatz? Welche Dinge sind in welchem Raum? Notieren Sie.**

Lernwortschatz

der Anamnesebogen, ¨ ....
die Blutprobe, -n ....
die Dienstübergabe, -n ....
der Dienstplan, ¨-e ....
die EDV (Elektronische Datenverarbeitung) (Sg.) ....
der Einmalhandschuh, -e ....
das Postfach, ¨-er ....
der Nachttisch, -e ....
die Nadel, -n ....
die Patientenakte, -n ....
die Patientenkurve, -n ....
das Patientenzimmer, – ....

das Pflaster, – ....
der Pflegearbeitsraum, ¨-e ....
der Pflegebericht, -e ....
das Pflegedienstzimmer, – ....
das Pflegepersonal (Sg.) ....
der Pflegewagen, – ....
die Schutzkleidung (Sg.) ....
der Stationsarzt, ¨-e / die Stationsärztin, -nen ....
die Stationsleitung (Sg.) ....
das Stationszimmer, – ....
die Wertsachen (Pl.) ....
die Wunde, -n ....

3 Patientenaufnahme

1 Ein Gespräch unter Kollegen. Welche Sätze bedeuten dasselbe? Ordnen Sie zu.

1 ◆ Wir haben eine Neuaufnahme. C
2 ○ Was ist der Einweisungsgrund? ____
3 ◆ Ich weiß es nicht, das steht im Arztbrief. ____
4 ○ Ich finde hier keinen Befund. ____
5 Wer führt denn das Aufnahmegespräch? ____
6 ◆ Kannst du das machen? Hier ist der Fragebogen. ____
7 ○ Ja, das mache ich. Wann hat man den Patienten eingewiesen? ____
8 ◆ Er sitzt noch im Patientenaufenthaltsraum. ____

A Er ist jetzt im Wartezimmer.
B Ich finde hier nichts über die Krankheit.
C Wir haben einen neuen Patienten.
D Wer befragt den Patienten zu seiner Person und seiner Krankheit?
E Okay. Wann ist der Patient ins Krankenhaus gekommen?
F Das kann ich dir nicht sagen, das steht im Brief vom Hausarzt.
G Machst du das? Das ist das Formular mit den Fragen.
H Warum ist der Patient im Krankenhaus?

2 Im Aufnahmegespräch – Ergänzen Sie.

Krücke

◆ Sind Sie auf Hilfsmittel angewiesen?
○ Ja, ich kann nicht gut alleine gehen und brauche diese [terarmstüUntzengeh] Unterarmgehstützen [1].
◆ Gibt es Nahrungsmittel, die Sie aus [senliregiö] ____ [2] oder gesundheitlichen Gründen nicht zu sich nehmen?
○ Ja, ich bin [leralschig] ____ [3] gegen Fisch.

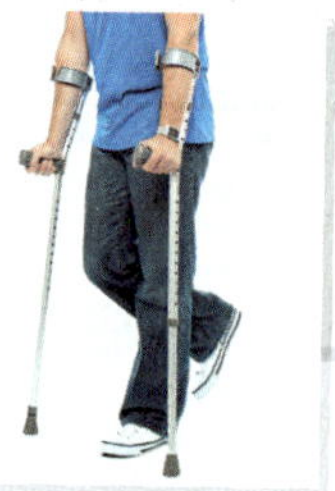

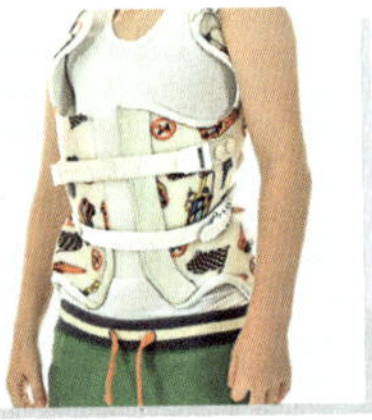

Stützkorsett

◆ Sind Sie auf [mitHlfistel] ____ [4] angewiesen?
○ Mein Rücken ist sehr schwach, ich trage im Alltag ein [tteskorützSt] ____ [5].
◆ Gibt es Nahrung, die Sie aus religiösen oder [sundgelichheiten] ____ [6] Gründen nicht zu sich nehmen?
○ Ich bin gläubige [liMusnim] ____ [7], deshalb nehme ich keinen Akohol und kein Schweinefleisch zu mir.
◆ Ich kann Sie [rugenhibe] ____ [8], wir bieten auch Halal-Kost an.
○ Außerdem brauche ich zum Waschen fließendes [ssreWa] ____ [9], bitte kein stehendes.

3 Welcher Begriff aus 2 passt? Notieren Sie.

1 Essen nach muslimischen Regeln Halal-Kost
2 Wasser aus dem Wasserhahn ....
3 Wasser in einer Schüssel ....
4 die Gesundheit betreffend ....
5 wegen meiner Religion ....
6 die Angst nehmen ....
7 ein Gegenstand, der einem Menschen hilft ....

4 Nach einem Aufnahmegespräch. Was ist richtig? Hören Sie und kreuzen Sie an.

1 Die Patientin hat
- ○ einen gebrochenen Arm.
- ⊗ hohes Fieber.

2 Der Hausarzt
- ○ hat einen Arztbrief geschrieben.
- ○ hat keinen Befund mitgegeben.

3 Die Patientin ist
- ○ gläubige Christin.
- ○ gläubige Muslimin.

4 Sie hat Essen bestellt, das
- ○ ihren religiösen Vorschriften entspricht.
- ○ keine tierischen Produkte enthält.

5 Sie braucht zum Waschen
- ○ fließendes Wasser. ○ stehendes Wasser.

5 Welche Fragen stellen Sie im Aufnahmegespräch? Notieren Sie.

Lernwortschatz

der Alkohol, Alkoholika ....
allergisch ....
das Aufnahmegespräch (-e) führen, hat geführt ....
der Arztbrief, -e ....
der Befund, -e ....
beruhigen, hat beruhigt ....
einweisen, hat eingewiesen ....
der Einweisungsgrund, ⸚e ....
gläubig ....
fließendes (≠ stehendes) Wasser (Sg.) ....
der Fragebogen, ⸚ ....
die (Unterarm-)Gehstütze, -n ....
die Halal-Kost (Sg.) ....
das Hilfsmittel, – ....
der Muslim, -e / die Muslimin, -nen ....
die Neuaufnahme, -n ....
der Patientenaufenthaltsraum, ⸚e ....
der Grund, ⸚e, aus religiösen / gesundheitlichen Gründen ....
das Stützkorsett, -s ....

4 Patienten verlegen oder entlassen

1 **Welches Bild passt? Ergänzen Sie mit Artikel.**

Heilmittel-verordnung

Hausarzt

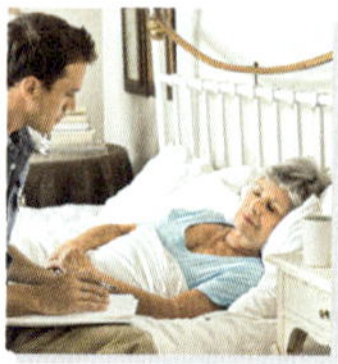
Palliativstation

Rehabilitation

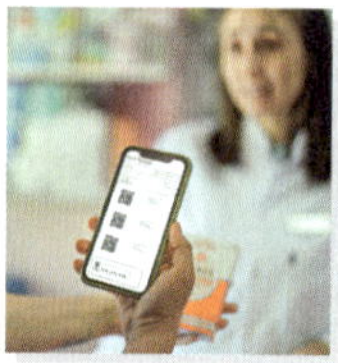
Rezept

Pflegeheim

1 der Arzt, zu dem der Patient zuerst geht: der Hausarzt
2 ein Haus für Menschen, die Pflege brauchen: ....
3 Dokument, mit dem man in der Apotheke die Medikamente bekommt: ....
4 Therapie nach dem Krankenhaus: ....
5 eine Station, auf der unheilbar Kranke gepflegt werden: ....
6 ein Rezept für eine Therapie, z. B. Physiotherapie: ....

2 **Lesen Sie den Dialog und finden Sie die Verben zu den markierten Nomen.**

◆ Was müssen wir heute machen?
○ Zuerst stellen wir den Antrag für Herrn Müller, damit seine Familie ihm einen Platz im Pflegeheim organisieren kann. Und wir dürfen nicht vergessen, ihm die Heilmittelverordnung für die Ergotherapie auszustellen.
◆ Werden noch andere Patienten entlassen?
○ Nein, aber zwei Patientinnen werden auf andere Stationen verlegt, Frau Krantz und Frau Emmerich. Kannst du nachschauen, welche Rezepte wir vorher noch für die beiden ausstellen müssen?

3 **Lesen Sie den Überleitungsbogen. In welchem Abschnitt stehen die Informationen A–G?**

Überleitungsbogen	
Stammdaten	Walter Rohde, Hauptstraße 5, 90419 Nürnberg Tel: 0911-123876
Geschlecht	männlich
Konfession	katholisch
Hausarzt	Dr. Breuer, 0911-7465389
Ansprechperson	Ehefrau Mathilde Rohde
Patientenverfügung	ja
Pflegegrad	4
Besonderheiten	Sturzgefährdung Schmerzproblematik

A Der Patient hat Schmerzen und es besteht ein Risiko, dass er stürzt. Besonderheiten
B Der Patient heißt Walter Rohde und wohnt in Nürnberg. ....
C Das ist ein Dokument für die nächste Einrichtung. ....
D Im Notfall wird seine Ehefrau kontaktiert. ....
E Der Patient ist katholisch. ....
F Der Patient geht normalerweise zu Dr. Breuer. ....
G Der Patient hat ein Dokument, in dem steht, was passieren soll, wenn er nicht mehr selbst entscheiden kann. ....

4 Wo steht das? Finden Sie noch drei Wörter und ergänzen Sie.

ASDFRGZBÜBERLEITUNGSBOGENHOBZGABDOGGBEOÜBEYPATIENTENVERFÜGUNGSDF
GZJDHHEILMITTELVERORDNUNGSDFZZAEPREZEPTAHGB

1 Der Patient kann nicht essen. Er braucht Sondenkost. Das steht im Überleitungsbogen.
2 Die Patientin bekommt Ergotherapie. Dafür stellt der Arzt eine .... aus.
3 Der Patient möchte Medikamente in der Apotheke abholen. Dafür braucht er ein ....
4 Im Notfall kann die Ehefrau des Patienten entscheiden. Das hat er in der .... festgelegt.

Elektronisches Rezept

Patient/in
SVNR: 123456789
Max Mustermann

ID: Y123456789

Versicherte/r
SVNR: 123456789
Max Mustermann

Ausgestellt am 30.03.20..
Gültig bis: 30.04.20..

Anfang der Rezeptur

Hinweis	Bezeichnung	OP	Pkg. Größe	Slg

5 Ergänzen Sie.

Gefährdung | Palliativstation | Pflegegrad | Rehabilitation | ~~Sondenkost~~

1 Wenn Patienten nicht selbst essen können, brauchen sie Sondenkost.
2 Nach einer schweren Krankheit kommt die ....
3 Der Patient braucht einmal täglich Hilfe, er hat .... 3.
4 Es besteht eine hohe ...., dass die Patientin stürzt.
5 Wir haben den Patienten auf die .... verlegt.

6 Beschreiben Sie eine typische Patientenverlegung an Ihrem Arbeitsplatz.

Lernwortschatz

die Ansprechperson, -en ....
einen Antrag (¨-e) stellen, hat gestellt ....
die Besonderheit, -en ....
entlassen, hat entlassen ....
die Gefährdung, -en ....
der Hausarzt, ¨-e / die Hausärztin, -nen ....
die Heilmittelverordnung, -en ....
die Konfession, -en ....
die Palliativstation, -en ....
die Patientenverfügung, -en ....
das Pflegeheim, -e ....
die Pflegegrad, -e ....
die Rehabilitation (Sg.) ....
ein Rezept (-e) ausstellen, hat ausgestellt ....
die Schmerzproblematik, -en ....
die Sondenkost (Sg.) ....
Stammdaten (Pl.) ....
der Überleitungsbogen, ¨ ....
verlegen, hat verlegt ....

5 Teambesprechung

1 Ergänzen Sie.

Besprechungsleiter | Protokollführer | Tagesordnung | ~~Teambesprechung~~ | Teilnehmer

1 Die Teambesprechung findet im Stationszimmer statt.
2 Auf der .... stehen die Themen, die die .... besprechen werden.
3 Der .... moderiert das Gespräch.
4 Der .... notiert die wichtigsten Ergebnisse.

2 Ergänzen Sie.

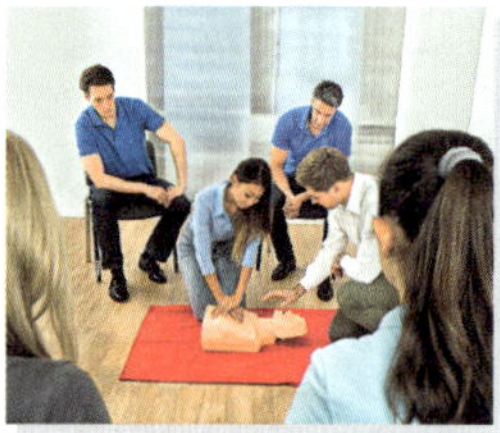
Fortbildung

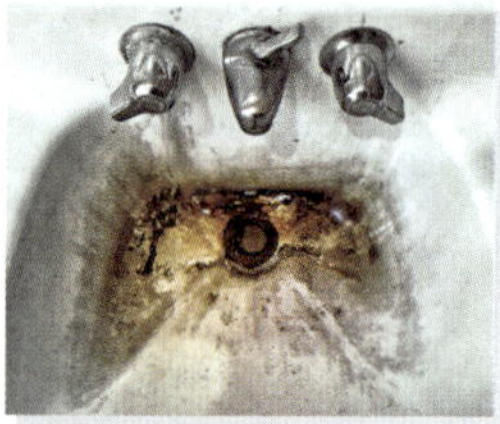
~~Hygienemängel~~

Urlaubsplanung

Zeitdruck

- ◆ Wer hat Vorschläge für die Tagesordnung?
- ○ Ich finde, die Patientenzimmer sind nicht sauber genug. Ich möchte Hygienemängel [1] als Tagesordnungspunkt.
- □ Ich möchte im Herbst verreisen und würde deshalb gern die .... [2] besprechen.
- ✚ Und wann lernen wir, wie wir das neue Computerprogramm benutzen? Ich hätte gern eine .... [3] dazu.
- ● Gut, ich habe alles notiert. Das ist ziemlich viel für eine Stunde, es wird ein bisschen .... [4] geben. Aber wir werden über alle Tagesordnungspunkte sprechen.

3 Hören und ergänzen Sie.

- ◆ Guten Morgen. Sind alle da? Sandra ist entschuldigt [1], sie kann heute nicht an der Teambesprechung teilnehmen. Wer führt das .... [2]? ... Danke schön. Ich stelle kurz die .... [3] vor: Der erste Punkt ist der .... [4] und die Frage, wie wir unsere Pflegequalität unter diesen Umständen halten können. Punkt zwei geht ebenfalls in diese Richtung: Einige von euch haben auf .... [5] in den Badezimmern hingewiesen. Zum Glück bekommen wir nächsten Monat einen neuen Kollegen. Das wäre der nächste Punkt: Wir müssen .... [6], wer die Einarbeitung macht. Punkt vier ist die .... [7] für das nächste Jahr. Hat noch jemand ein Thema, das er oder sie gern als Tagesordnungspunkt aufnehmen würde?
- ○ Ja, ich würde gern über unsere .... [8] sprechen, und zwar vor allem darüber, wann sie .... [9] und ob wir dafür eine Genehmigung von der Leitung brauchen.

4 Welches Wort hat eine ähnliche Bedeutung? Bilden Sie Wörter und ergänzen Sie.

ar bei digt Ein ent Ge ge gung li ma ~~men~~ mi ~~neh~~ neh Pfle qua schul tät ~~teil~~ The tung

1 bei etwas mitmachen: an etwas teilnehmen
2 etwas erlauben: die ....
3 wie gut die Arbeit im Krankenhaus ist: die ....
4 sagen, dass man nicht kommt: .... sein
5 einem neuen Kollegen alles zeigen: die ....
6 worüber man spricht: das ....

5 Was passt zusammen? Verbinden Sie.

1 Protokoll	A arbeitung
2 Teil	B qualität
3 Besprechungs	C mängel
4 Hygiene	D bildung
5 Fort	E nehmer
6 Ein	F führer
7 Pflege	G leiter

6 Beschreiben Sie eine typische Teambesprechung in Ihrer Institution.

Lernwortschatz

besprechen, hat besprochen ....
der Besprechungsleiter, –/die Besprechungsleiterin, -nen ....
die Einarbeitung (Sg.) ....
entschuldigt ....
die Fortbildung, -en ....
die Genehmigung, -en ....
Hygienemängel (Pl.) ....
die Pflegequalität (Sg.) ....
das Protokoll, -e ....
der Protokollführer, –/die Protokollführerin, -nen ....
stattfinden, hat stattgefunden ....
die Tagesordnung, -en ....
der Tagesordnungspunkt, -e ....
die Teambesprechung, -en ....
teilnehmen, hat teilgenommen ....
der Teilnehmer, –/die Teilnehmerin, -nen ....
das Thema, Themen ....
die Urlaubsplanung, -en ....
der Zeitdruck (Sg.) ....

6 Kommunikation per E-Mail und Telefon

1 Ergänzen Sie in der passenden Form.

Anhang · Anrufbeantworter · ausdrucken · beantworten · herunterladen · Lautsprecher

löschen · ~~Posteingang~~ · senden · speichern · weiterleiten

1 Ich habe 36 neue E-Mails im Posteingang. Wann soll ich die alle ……………………?
2 Der Überleitungsbogen ist im …………………… der E-Mail. Du kannst ihn im Patientenordner …………………… .
3 Jemand hat auf den …………………… gesprochen und eine Nachricht für Dr. Schneider hinterlassen.
4 Die Formulare sind auf der Homepage. Würdest du sie …………………… und ……………………, damit wir sie in Papierform haben?
5 Kann ich das Telefonat mithören? Schaltest du den …………………… ein?
6 Cora hat mir den neuen Dienstplan …………………… . Hast du ihn auch schon oder soll ich ihn dir ……………………?
7 Die Dokumente brauchen wir nicht mehr. Die kannst du …………………… .

2 Welcher Satz hat eine ähnliche Bedeutung? Ordnen Sie zu.

1 Ich hatte einen Anruf von der Stationsleitung. D
2 Der Anrufer hat einfach aufgelegt. ……
3 Würden Sie dem Arzt bitte etwas ausrichten? ……
4 Könnten Sie mir den Termin mitteilen? ……
5 Julian hat sich gerade krankgemeldet. Er wird wohl die ganze Woche fehlen. Morgen geht er zum Arzt wegen der Arbeitsunfähigkeitsbescheinigung. ……
6 Ich versuche die ganze Zeit anzurufen, aber es ist immer besetzt. ……
7 Die Information ist vertraulich, darum kann ich Ihnen am Telefon keine Auskunft geben. ……
8 Kann ich Sie in einer Stunde zurückrufen? ……

A Können Sie dem Arzt etwas von mir sagen?
B Er telefoniert die ganze Zeit, ich kann ihn nicht erreichen.
C Die Person hat das Telefonat beendet.
~~D~~ Die Chefin hat angerufen.
E Das darf ich Ihnen am Telefon nicht sagen, weil es persönlich ist.
F Der Kollege hat angerufen und gesagt, dass bis zum Ende der Woche krank ist. Er lässt sich die Arbeitsunfähigkeit beim Arzt bestätigen.
G Ist es in Ordnung, wenn ich Sie später noch einmal anrufe?
H Würden Sie mir sagen, wann der Termin stattfindet?

3 Hören und ergänzen Sie.

1 ◆ Schau mal bitte in deinen Posteingang. Da müsste eine E-Mail von mir sein. Kannst du den Anhang öffnen und für mich ________? Bei mir funktioniert das nicht.

2 ○ Ja, mache ich. Ach ja, vorhin hatte ich einen ________. Die Person wollte etwas zu einem Patientenbefund wissen, aber ich habe gesagt, dass wir am Telefon keine ________ geben dürfen.

3 ◆ Hast du ihm angeboten, dass wir ihn ________?

4 ○ Ja, natürlich. Außerdem habe ich den Anrufbeantworter abgehört. Ein Anrufer hat eine ________ hinterlassen und um Rückruf gebeten, aber das Telefon ist die ganze Zeit ________. Ich habe ihn noch nicht erreicht.

4 Ergänzen Sie.

auflegen ~~Arbeitsunfähigkeitsbescheinigung~~ ausrichten krankmelden mitteilen Telefonat

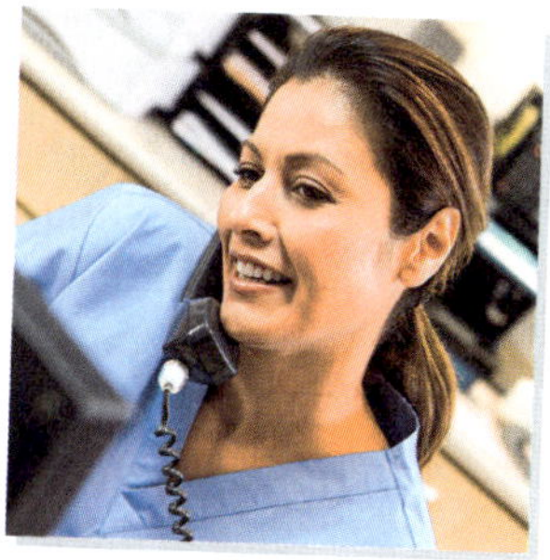

1 Sandra geht es nicht gut. Sie will sich ________. Wegen der Arbeitsunfähigkeitsbescheinigung geht sie morgen zum Arzt.

2 Bitte nicht ________! Ich muss Ihnen noch die Adresse der Klinik ________.

3 Das ________ war sehr positiv. Ich soll Ihnen einen herzlichen Dank von der Patientin ________.

5 Was müssen Sie beachten, wenn Sie Anrufe und E-Mails beantworten? Notieren Sie.

Lernwortschatz

der Anhang, ¨-e ________

der Anruf, -e ________

der Anrufbeantworter, – ________

der Anrufer, –/die Anruferin, -nen ________

die Arbeitsunfähigkeitsbescheinigung, -en ________

auflegen, hat aufgelegt ________

ausdrucken, hat ausgedruckt ________

die Auskunft, ¨-e ________

ausrichten, hat ausgerichtet ________

beantworten, hat beantwortet ________

besetzt ________

herunterladen, hat heruntergeladen ________

sich krankmelden, hat sich krankgemeldet ________

der Lautsprecher, – ________

löschen, hat gelöscht ________

mitteilen, hat mitgeteilt ________

eine Nachricht hinterlassen, hat hinterlassen ________

der Posteingang, ¨-e ________

senden, hat gesendet ________

speichern, hat gespeichert ________

das Telefonat, -e ________

vertraulich ________

weiterleiten, hat weitergeleitet ________

zurückrufen, hat zurückgerufen ________

7 Klinikorganisation und Beschwerden

1 Wer macht was? Verbinden Sie.

Geschäftsführung

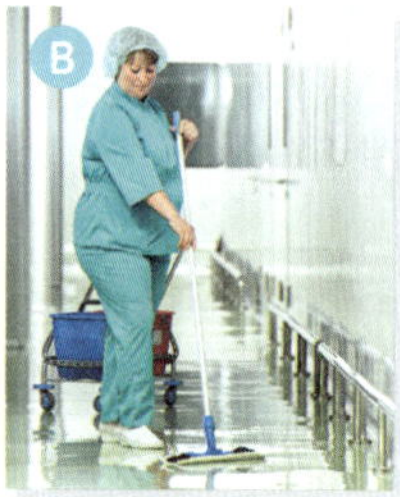

(Gebäude-)Reinigung

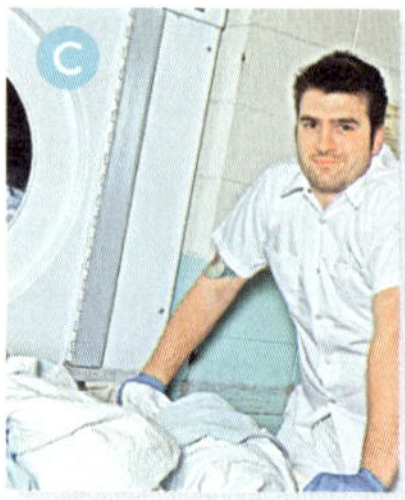

Wäscherei

Ehrenamtliche

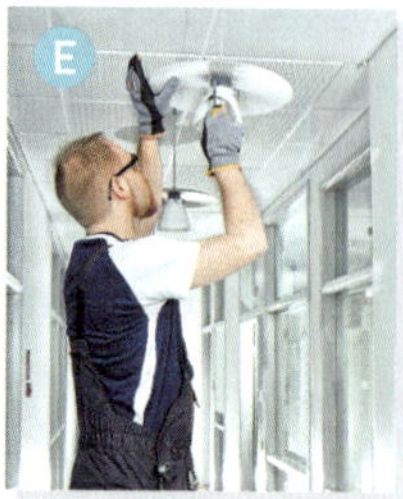

Haustechnik

1 Wäsche waschen
2 Entscheidungen treffen
3 Reparaturen durchführen
4 Räume putzen
5 Geld verwalten
6 sich unentgeltlich mit Patienten beschäftigen
7 einen Patienten gesetzlich vertreten

Betreuer/in

Buchhaltung

2 Lesen und ergänzen Sie.

◆ Ich möchte mich beschweren: Mein Zimmer ist zu laut.

○ Dafür bin ich nicht zuständig, aber Ihre Beschwerde kann ich schriftlich aufnehmen und an die Wohnbereichsleitung weitergeben. Dazu brauche ich zuerst Ihren Namen, ich muss Sie als Beschwerdeführerin aufnehmen.

◆ Mein Name ist Sonja Köhler.

○ Beschwerdeempfänger ist wie gesagt die Wohnbereichsleitung. Ich gebe das Formular weiter und dann warten wir auf die Rückmeldung. Sie können aber auch persönlich zur Wohnbereichsleitung gehen, dann geht es schneller.

◆ Nein, schriftlich ist es besser. Wissen Sie, es ist wirklich laut, ich kann gar nicht schlafen.

○ Ich habe vollstes Verständnis für ihr Anliegen, das Zimmer ist wirklich nicht so schön. Ich bin sicher, wir finden dafür eine Lösung.

1 die Antwort: die Rückmeldung
2 das Problem: das ……
3 ein Problem mitteilen: sich ……
4 in geschriebener Form: ……
5 direkt vor Ort: ……
6 die Empathie: das ……
7 die Person, die sich beschwert: der ……
8 die Person, die die Beschwerde bekommt: der ……
9 die zuständige Abteilung für die Wohnräume: die ……
10 Klärung eines Problems: eine ……

3 Lösen Sie das Rätsel und finden Sie das Lösungswort.

1 Den Besuch beim Amt organisiert eine ...
2 Er liest einmal in der Woche im Seniorenheim vor. Das macht er ...
3 Schmutzige Handtücher kommen in die ...
4 Mit einer falschen Rechnung geht man zur ...
5 Fragen zum Vertrag klärt die ...
6 Wenn der Boden schmutzig ist, beschwert man sich bei der ...
7 Nicht schriftlich, sondern ...

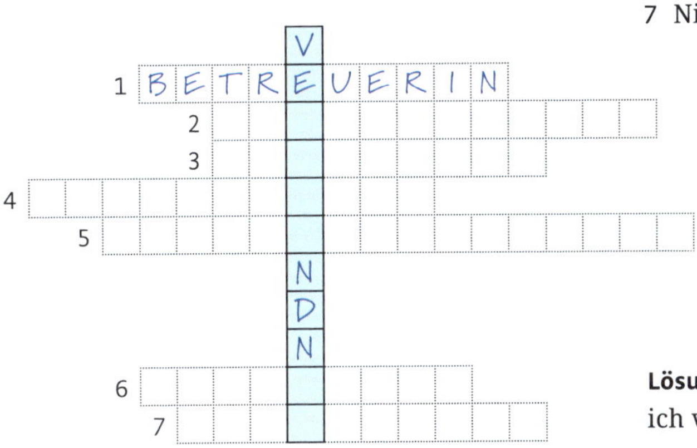

Lösung: „Für Ihre Beschwerde habe ich vollstes ...."

4 Lesen Sie den Dialog und füllen Sie das Formular aus.

Anruf auf der Station | Bereich Haustechnik | Frau Gebauer | kaputtes Fenster | Reparatur 15 Uhr

◆ Ich habe eine Beschwerde bekommen. Eine Frau Gebauer schreibt, dass ihr Fenster nicht richtig schließt. Kannst du das heute Nachmittag reparieren?
○ Ja, das kann ich machen. Um 3 Uhr?
◆ Sehr gut. Ich rufe auf der Station an und sage Bescheid.

Art der Beschwerde

☒ schriftlich ○ persönlich

Beschwerdeführer: 1

Beschwerdeempfänger:

.... 2

Anliegen: 3

Lösung: 4

Rückmeldung: 5

5 Ein Patient beschwert sich. Sie schreiben für ihn den Beschwerdebrief.

Lernwortschatz

das Anliegen, – ....
der Betreuer, –/die Betreuerin, -nen ....
die Buchhaltung, -en ....
die Beschwerde, -n ....
der Beschwerdeempfänger, –/die Beschwerdeempfängerin, -nen ....
der Beschwerdeführer, –/die Beschwerdeführerin, -nen ....
sich beschweren, hat sich beschwert ....
ehrenamtlich, der / die Ehrenamtliche, -n ....
....
die Geschäftsführung, -en ....
die Haustechnik (Sg.) ....
die Lösung, -en ....
persönlich ....
die (Gebäude-)Reinigung (Sg.) ....
die Rückmeldung, -en ....
schriftlich ....
das Verständnis (Sg.) ....
die Wäscherei, -en ....
die Wohnbereichsleitung, -en ....
....

8 Gesundheitliche Probleme I

1 a Welches Verb passt? Ergänzen Sie.

~~atmen~~ bewegen entzünden erbrechen ernähren orientieren verdauen

1 Meine Nase ist zu. Ich kann nicht atmen.
2 Nachts kann ich mich nur schwer im Raum ________.
3 Ich fühle meine Füße nicht und kann sie nicht ________.
4 In der Wunde war Schmutz. Sie hatte angefangen, sich zu ________.
5 Der Mensch beginnt schon im Mund, das Essen zu ________.
6 Sie müssen sich vitaminreicher ________.
7 Jedes Mal, wenn er etwas isst, muss er danach ________.

b Bilden Sie aus den Verben in a Substantive.

1 die Atmung
2 die ________ung
3 die ________ung
4 die ________ung
5 die ________ung
6 die ________ung
7 **das ________en** ⚠

2 Ergänzen Sie.

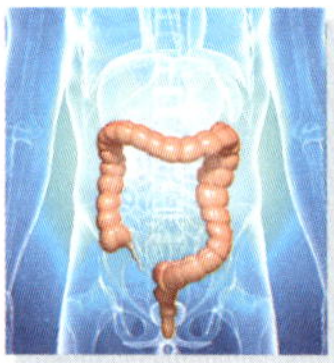
Dickdarm

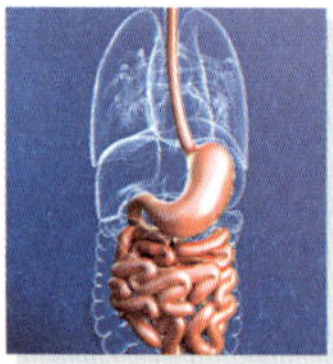
~~Dünndarm~~

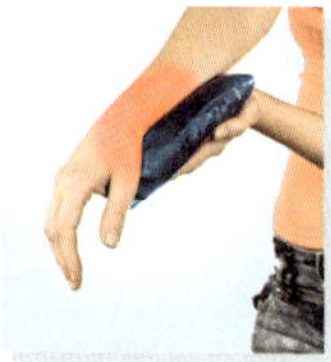
Entzündung

Husten

Übelkeit

Schüttelfrost

A An der Verdauung sind mehrere Organe beteiligt: Zuerst gelangt das Essen in den Magen, dann in den Dünndarm [1] und schließlich in den ________ [2]. Ein Teil des Dickdarms heißt Blinddarm und an seinem „blinden Ende" befindet sich der Wurmfortsatz oder Appendix. Hier kann es zu einer ________ [3] kommen, die schmerzhaft und gefährlich ist. Patienten leiden unter Bauchschmerzen, ________ [4] und Erbrechen. Der Wurmfortsatz muss dann schnell operativ entfernt werden.

B Eine Erkältung fängt oft mit ________ [5] und akuten Atembeschwerden an. Wenn Bakterien in die Lunge kommen, kann der Patient an einer Lungenentzündung erkranken. Anzeichen dafür sind ________ [6] und kurz darauf starkes Fieber. Wenn eine akute Lungenentzündung nicht gut behandelt wird, kann daraus über längere Zeit eine chronische Erkrankung werden.

3 Lösen Sie das Rätsel und finden Sie das Lösungswort.

1 Der Patient leidet ... Übelkeit und Erbrechen.
2 Eine Krankheit, z. B. eine Entzündung, hat sich über längere Zeit im Körper entwickelt.
3 Ein Stück vom Darm, das man nicht für die Verdauung braucht.

4 Darm, Lunge, Magen, Haut sind ...
5 Wenn er sich entzündet, hat der Patient akute Schmerzen im rechten Unterbauch.
6 Der Patient friert und zittert stark. Er hat ...
7 Eine Krankheit tritt kurzfristig auf.
8 Probleme beim Luftholen
9 Wenn die Übelkeit so stark ist, dass man das Essen nicht bei sich behält, muss man ...
10 Was und wie ein Mensch isst.
11 Spazieren gehen, schwimmen, Fahrrad fahren.

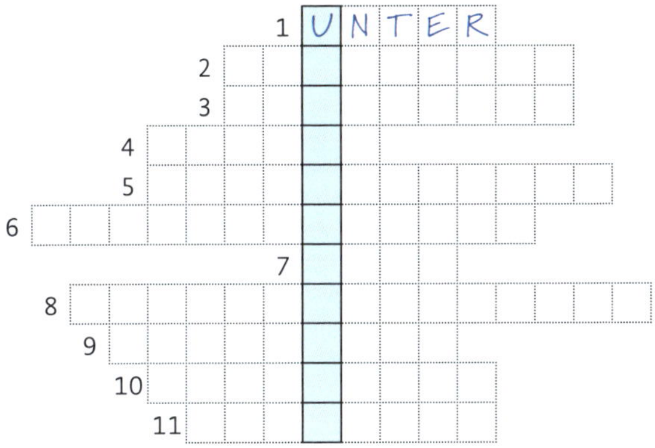

Lösung: Wenn man nicht alleine auf die Toilette gehen kann, muss man eine .... benutzen.

4 **Welche Organe in den Bereichen Atmung und Verdauung kennen Sie? Welche akuten oder chronischen Erkrankungen können jeweils auftreten? Arbeiten Sie mit einem Wörterbuch und notieren Sie.**

Lernwortschatz

akut ....
die Atembeschwerden (Pl.)/die Dyspnoe ....
die Atmung (Sg.)/atmen, hat geatmet ....
die Bewegung, -en/bewegen, hat bewegt ....
der Blinddarm, ¨-e ....
chronisch ....
der Dickdarm, ¨-e ....
der Dünndarm, ¨-e ....
die Entzündung, -en/sich entzünden, hat sich entzündet ....
das Erbrechen (Sg.)/erbrechen, hat erbrochen ....
die Ernährung (Sg.)/ernähren, hat ernährt ....
erkranken an, ist erkrankt ....
leiden unter, hat gelitten ....
die Lungenentzündung, -en ....
das Organ, -e ....
die Orientierung (Sg.), sich orientieren, hat sich orientiert ....
der Schüttelfrost (Sg.) ....
die Übelkeit (Sg.) ....
die Urinflasche, -n ....
die Verdauung (Sg.)/verdauen, hat verdaut ....
der Wurmfortsatz/der Appendix ....

9 Gesundheitliche Probleme II

1 **Ergänzen Sie in der passenden Form.**

Anfall

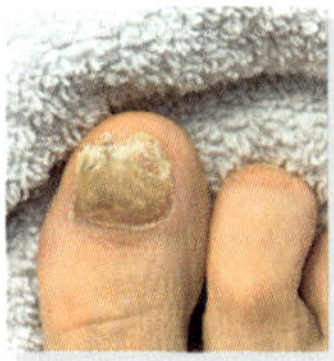
Pilz

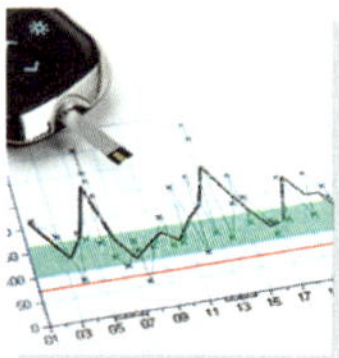
~~Blutzucker~~

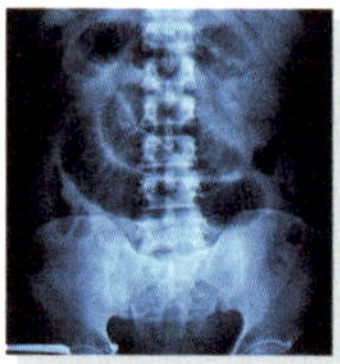
Darmverschluss

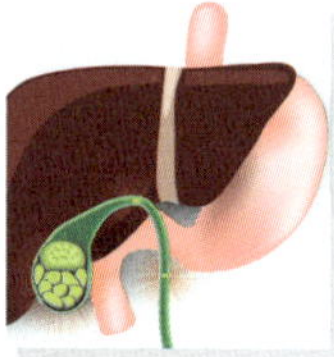
Gallenstein

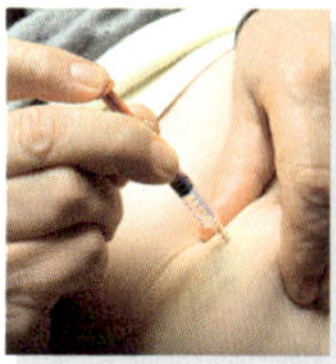
Insulin

1 Bei zuckerkranken Patienten schwankt der Blutzucker. Manche müssen ______ spritzen.
2 Wenn das Immunsystem schwach ist, können ______ z. B. auf der Haut oder auf den Nägeln vorkommen.
3 Auf Röntgenbildern von der Galle kann man manchmal ______ erkennen.
4 Wenn ein Patient starke Bauchschmerzen hat und mehrere Tage nicht auf die Toilette gehen kann, leidet er möglicherweise unter ______.
5 Bei Epilepsie oder Asthma kann ein Patient ganz plötzlich einen ______ bekommen.

2 a **Verbinden Sie.**

1	CO	A	anfall
2	Darmin	B	PD
3	Hepa	C	und Röteln
4	As	D	zites
5	Masern, Mumps	E	fektion
6	Ar	F	embolie
7	Angina	G	pectoris
8	Schlag	H	Parkinson
9	Lungen	I	titis
10	Morbus	J	throse

b **Hören und ergänzen Sie.**

1 Ist die Patientin als Kind gegen Masern, Mumps und Röteln geimpft worden?
2 Der Patient ist starker Raucher. Er leidet unter ______.
3 Wegen einer ______infektion hat der Patient häufig Durchfall.
4 Es besteht Verdacht auf ______titis. Wie sind denn die Leberwerte?
5 Der Patient hat einen sehr dicken Bauch. Vielleicht ist das ein ______zites.
6 Haben Sie Schmerzen in den Fingergelenken? Das könnte eine Ar______ sein.
7 Seit dem Schlag______ hat sie Schwierigkeiten beim Gehen und Sprechen.
8 Er zittert stark. Wahrscheinlich hat er Morbus ______.
9 Die Patientin leidet immer wieder unter ______ pectoris. Wir sollten ihr Herz untersuchen.
10 Wegen der plötzlichen Atemnot und Schmerzen im Brustkorb haben wir Sie auf ______embolie untersucht.

3 Ordnen Sie die Krankheiten den Körperteilen zu. Notieren Sie mit Artikel.

Angina pectoris | Arthrose | Aszites | COPD | Darminfektion | Durchfall | Schlaganfall | Gallensteine | Hepatitis | Lungenembolie | ~~Multiple Sklerose~~ | Parkinson-Krankheit

Körperteil

1 die Nerven
2 der Verdauungstrakt
3 das Gehirn
4 die Lunge
5 die Gelenke
6 die Leber
7 die Galle
8 das Herz
9 der Bauchraum

Krankheit

A die Multiple Sklerose .... B ....
C .... D ....
E ....
F .... G ....
H ....
I ....
J ....
K ....
L ....

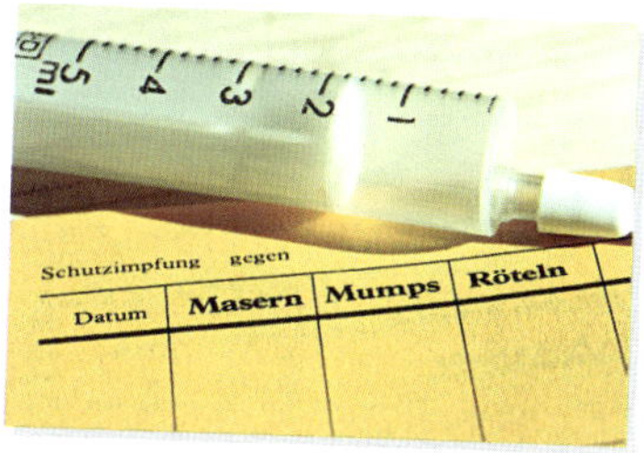

4 Hören und ergänzen Sie.

1 Wo ist mein ....?
2 Ich bin nicht gegen Masern, Mumps und .... geimpft.
3 Gestern wurden meine Gallensteine entfernt.
4 Ich hatte letztes Jahr einen ....
5 Ich habe seit drei Tagen ....
6 Meine .... bereitet mir im Moment weniger Schmerzen.
7 Ich hatte als Kind ....
8 Den letzten .... hatte ich vor drei Monaten.
9 Ich habe ....

5 Wählen Sie eine der Krankheiten in 3. Notieren Sie Symptome, Ursachen und Therapien.

Lernwortschatz

der Anfall, ¨-e ....
die Angina pectoris (Sg.) ....
die Arthrose, -n ....
der Aszites (Sg.) ....
der Blutzucker (Sg.) ....
die COPD (chronisch-obstruktive Lungenerkrankung) (Sg.) ....
die Darminfektion, -en / die Enteritis ....
der Darmverschluss, ¨-e / der Ileus ....
der Durchfall, ¨-e ....
der Gallenstein, -e ....
die Hepatitis (Sg.) ....
das Insulin (Sg.) ....
die Lungenembolie, -n ....
Masern (Pl.) / Morbilli ....
die Parkinson-Krankheit (Sg.) / der Morbus Parkinson ....
die Multiple Sklerose (Sg.) ....
der / die Mumps (Sg.) / die Parotitis epidemica ....
der Pilz, -e ....
Röteln (Pl.) / Rubeola ....
der Schlaganfall, ¨-e ....
zuckerkrank, die Zuckerkrankheit (Sg.) / Diabetes mellitus ....

10 Allgemeine Tätigkeiten

1 **Welches Foto passt? Notieren Sie die Buchstaben.**

1 ______ ankleiden
2 ______ eine Schiene anlegen
3 ______ Apparate bedienen
4 ______ eine Spritze setzen
5 ______ eine Wunde versorgen
6 ______ zur Visite kommen
7 ______ Schmuck ablegen
8 ______ die Arbeitsfläche abwischen
9 ______ einen Kittel anziehen

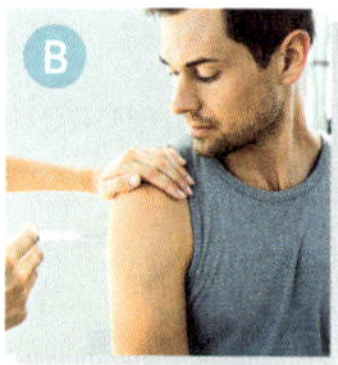

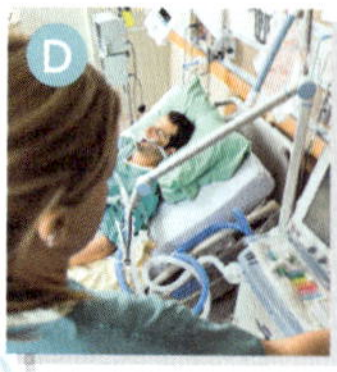

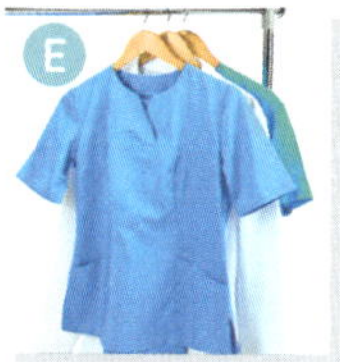

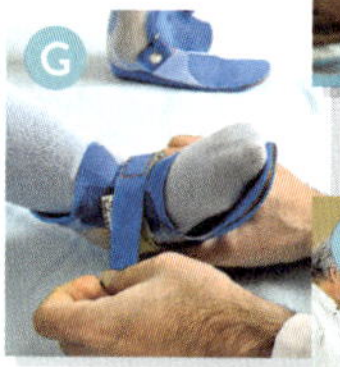

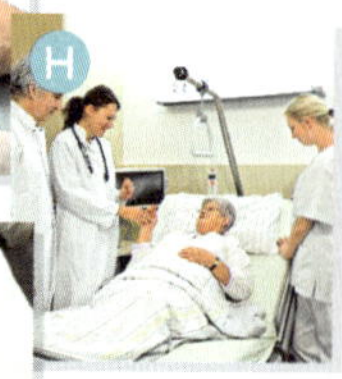

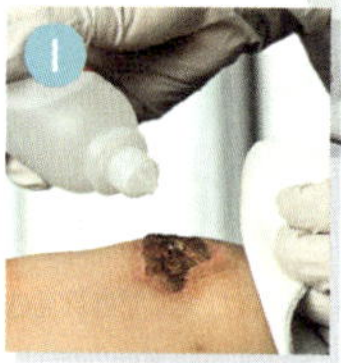

2 **Welches Verb hat eine ähnliche Bedeutung? Ergänzen Sie.**

ablegen ~~eingeben~~ wechseln einnehmen erstellen

1 Könnten Sie mir das Essen anreichen? *eingeben*
2 Die Patientin muss ihre Medikamente schlucken. ______
3 Ich muss den Pflegeplan schreiben. ______
4 Wir sollten den Verband neu machen. ______
5 Kann ich meinen Kittel ausziehen? ______

3 **Hören und ergänzen Sie.**

Sie müssen sich regelmäßig die Hände *desinfizieren* [1]. Auf dieser Station sollten Sie das nach jedem ______ [2] machen. Neben jeder Tür ist ein ______ [3]. Nehmen Sie daraus das ______ [4] und ______ [5] Sie Ihre Hände 30 Sekunden lang ______ [6]. So lang ist die ______ [7].

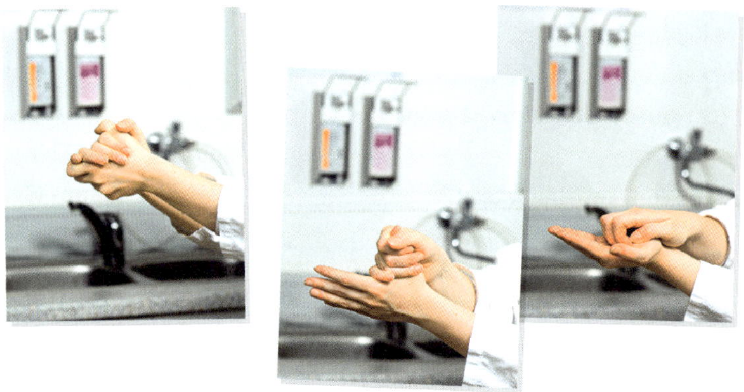

4 Ergänzen Sie die Verben und finden Sie das Lösungswort.

1 Ihr Verband ist durchgeblutet. Wir müssen ihn wechseln.
2 Könnten Sie der Patientin das Abendessen _________?
3 Sie müssen jetzt Ihre Tabletten _________.
4 Der Pflegewagen ist schmutzig, ich muss ihn _________.
5 Sie müssen das Desinfektionsmittel 30 Sekunden lang _________.
6 Ich kann diesen Apparat nicht _________.
7 Sie haben eine Wunde, die müssen wir _________.
8 Würden Sie den Dienstplan für nächsten Monat _________?
9 Nach dem Patientenkontakt sollten Sie Ihre Hände _________.
10 Der Arm ist gebrochen. Wir müssen Ihnen eine Schiene _________.
11 Ich kann mir nicht selber eine Spritze _________.

Lösung: Ich kann Ihnen keine Informationen über andere Patienten geben.
Das wäre gegen die ärztliche _ _ _ _ _ _ _ _ P _ _ I C H _.

5 Hören und ergänzen Sie.

Ich bin Krankenpflegerin. Ich helfe kranken Menschen beim Ankleiden [1], bei der Körperpflege und bei der __________ [2] von Medikamenten. Zu meinen pflegerischen Aufgaben gehören außerdem die __________ [3] von Wunden, __________ [4], das __________ [5] von Spritzen, das __________ [6] von Schienen und das __________ [7] von medizinischen Apparaten. Im Büro ist die __________ [8] von Dokumenten eine wichtige Tätigkeit.

6 Welche Tätigkeiten sind in Ihrem Arbeitsalltag besonders wichtig? Notieren Sie.

Lernwortschatz

ablegen, hat abgelegt __________
ankleiden, hat angekleidet __________
anlegen, hat angelegt __________
anreichen, hat angereicht __________
abwischen, hat abgewischt __________
bedienen, hat bedient __________
das Desinfektionsmittel, – __________
desinfizieren, hat desinfiziert __________
____
die Einnahme, -n __________
einnehmen, hat eingenommen __________
einreiben, hat eingerieben __________
die Einwirkzeit, -en __________
die Erstellung, -en __________

erstellen, hat erstellt __________
der Kittel, – __________
der Patientenkontakt, -e __________
die Schiene, -n __________
die Schweigepflicht, -en __________
der Spender, – __________
eine Spritze setzen, hat gesetzt __________
____
der Verbandswechsel, – __________
versorgen, hat versorgt __________
die Versorgung (Sg.) __________
die Visite, -n __________
wechseln, hat gewechselt __________
____

11 Pflegeplanung und Gewichtskontrolle

1 Verbinden Sie.

1 

2 

3 

4 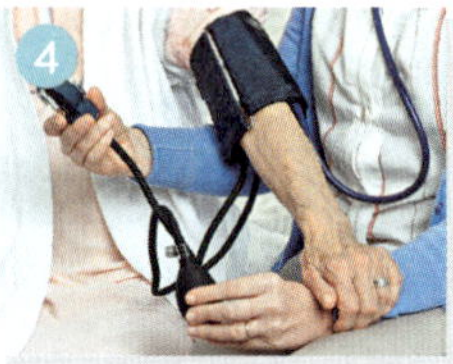

A die Mahlzeit

B Blutdruck messen

C das Übergewicht

D die Gewichtskontrolle

Der BMI (Body-Mass-Index) ist das Körpergewicht in Kilogramm geteilt durch die Körpergröße zum Quadrat.

2 Lesen Sie und ergänzen Sie die fettgedruckten Wörter aus dem Text in 1–12.

Der Patient ist 1,69 m groß und wiegt 100 kg. Sein **BMI** beträgt 35, d. h. er hat deutliches **Übergewicht**. Das **Nahziel** besteht darin, den Patienten zu einer **Diät** und regelmäßiger Bewegung zu motivieren, um eine **Gewichtsabnahme** zu erreichen. Das **Fernziel** ist eine dauerhafte Veränderung des **Ernährungsverhalten**s und eine Gewichtsabnahme von 30 kg. Der Blutdruck muss täglich gemessen werden.

Die Patientin hat einen BMI von 15, also starkes **Untergewicht**. Das Nahziel ist eine Aufklärung der Patientin über die gesundheitlichen Folgen ihres Essverhaltens und die Akzeptanz seitens der Patientin, eine **Gewichtszunahme** anzustreben. Das Fernziel ist die Wiederherstellung des **Normalgewicht**s, also ein BMI von 20. Bei den **Mahlzeiten** muss eine gute Betreuung sichergestellt werden. Wichtig ist außerdem die tägliche **Gewichtskontrolle**. Das Ernährungsverhalten muss beobachtet und dokumentiert werden.

1 ein kurzfristiges Ziel: das ....
2 ein langfristiges Ziel: das ....
3 Gewicht : Körpergröße² = der ....
4 zu viel Gewicht: das ....
5 zu wenig Gewicht: das ....
6 ein gesundes Gewicht: das ....
7 leichter werden: die ....
8 schwerer werden: die ....
9 spezielle Ernährung: die ....
10 überwachen, wie viel der Patient wiegt: die ....
11 was und wie viel jemand isst: das ....
12 Frühstück, Mittagessen und Abendessen: die ....

3 Verbinden Sie.

1 das Gewicht in der Akte
2 das Verhalten eines Patienten
3 den Patienten über seine Krankheit
4 Betreuung rund um die Uhr

A sicherstellen
B aufklären
C dokumentieren
D beobachten

4 Hören und ergänzen Sie.

1 Wir müssen das ______ des Patienten beobachten und dokumentieren. Außerdem müssen wir ihn mehrmals am Tag ______, Wasser zu trinken.
2 Bei dieser Patientin müssen wir zweimal am Tag den ______ messen.
3 Wir müssen die Patientin über ihre Krankheit ______ und anschließend gut ______.
4 Das Nahziel besteht in einer ______ von fünf Kilo, das Fernziel im Erreichen des ______, also eines BMI von 25.

5 Ergänzen Sie.

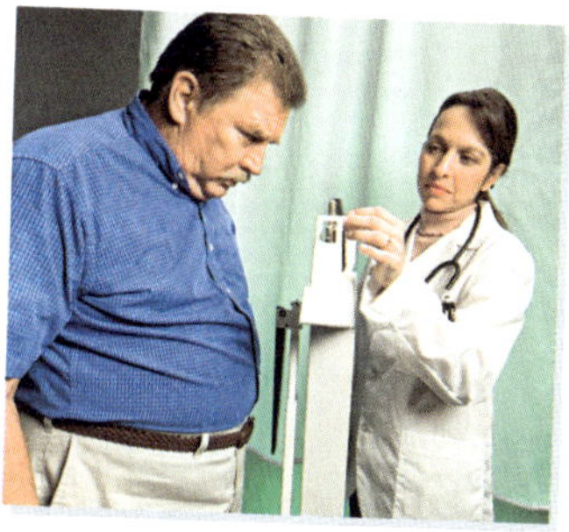

dokumentiert | Ernährungsverhalten | Gewichtszunahme | Mahlzeiten | sicherzustellen | Untergewicht

1 Der Patient muss bei den ______ gut betreut werden, um eine regelmäßige Nahrungsaufnahme ______.
2 Das ______ der Patientin variiert stark und sollte daher gründlich ______ werden.
3 Der Patient hat deutliches ______. Er sollte dazu motiviert werden, eine ______ von acht bis zehn Kilo anzustreben.

6 Schreiben Sie drei kurze Pflegepläne für fiktive Patienten.

Lernwortschatz

aufklären, hat aufgeklärt ______
beobachten, hat beobachtet ______
betreuen, hat betreut ______
die Betreuung (Sg.) ______
der BMI (Body-Mass-Index) (Sg.) ______
der Blutdruck (Sg.) ______
die Diät, -en ______
dokumentieren, hat dokumentiert ______
______
das Ernährungsverhalten (Sg.) ______
______
das Fernziel, -e ______
die Gewichtsabnahme (Sg.) ______
die Gewichtskontrolle, -n ______
die Gewichtszunahme (Sg.) ______
die Mahlzeit, -en ______
messen, hat gemessen ______
motivieren, hat motiviert ______
das Nahziel, -e ______
das Normalgewicht (Sg.) ______
sicherstellen, hat sichergestellt ______
______
das Übergewicht (Sg.) ______
das Untergewicht (Sg.) ______

12 Pflegeberichte I

1 **Lesen Sie die Pflegeberichte A–D. In welchem Pflegebericht stehen die Informationen 1–8? Ordnen Sie zu.**

A Frau S. schlafend vorgefunden. Hat nach eigener Aussage seit drei Tagen starke Durchschlafprobleme, ist daher nicht wie sonst um 6 Uhr eigenständig aufgewacht.

B Frau F. hat geklingelt, klagte über Bauchschmerzen und Krämpfe. Gab an, seit dem Nachmittag unter Diarrhö zu leiden. Über Gefahr der Dehydratation aufgeklärt. Medikation s. Verordnungsbogen.

C Frau A.s Allgemeinzustand hat sich erneut verschlechtert. Auf eigenen Wunsch engmaschigere Beaufsichtigung.

D Frau N. ist den ganzen Tag im Zimmer geblieben statt wie üblich Spaziergänge zu unternehmen. Auf Nachfrage äußerte sie, dass ihr schwindelig sei und sie Orientierungsprobleme habe. Familie benachrichtigt. Ins Krankenhaus eingewiesen.

1 ...... Der Patientin geht es allgemein schlechter.
2 ...... Die Patientin geht normalerweise spazieren, an diesem Tag aber nicht.
3 ...... Die Patientin hat gesagt, dass sie nicht gut schlafen kann.
4 ...... Die Patientin hat den Alarmknopf gedrückt. Sie hat Durchfall und muss viel trinken. Sie droht auszutrocknen.
5 ...... Die Patientin steht normalerweise alleine auf.
6 ...... Die Patientin hat das Gefühl, alles dreht sich.
7 ...... Die Medikamente sind in einem anderen Dokument aufgeführt.
8 ...... Der Zustand der Patientin wird häufiger kontrolliert, weil sie selbst den Wunsch geäußert hat.

2 **Wie heißt das Gegenteil? Ergänzen Sie Wörter aus 1.**

1 verbessert ↔ ....
2 auf Wunsch einer anderen Person ↔ ....
3 mit Unterstützung ↔ ....
4 gesunder Schlaf ↔ ....

3 **Finden Sie acht Wörter. Welche haben eine ähnliche Bedeutung wie 1–7? Ergänzen Sie.**

EDEHYDRATATIONKNTHEINTRAGENHGNKLINGELNDHSBGUBENACHRICHTIGEN
HANANGEBENAHGDURCHFALLGIHBHERTSHGÄUßERNSKCHBAUCHKRÄMPFE

1 sagen: ………………, ………………
2 Bescheid geben: ………………
3 den Alarmknopf drücken: ………………
4 in den Bericht schreiben: ………………
5 Diarrhö: der ………………
6 unkontrolliertes Zusammenziehen des Bauches: die ………………
7 Wassermangel: ………………

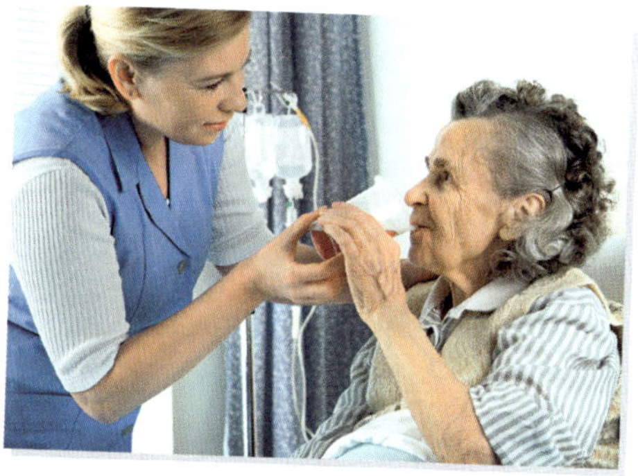

4 Was steht in den Pflegeberichten? Hören und ergänzen Sie.

1 Der ……………… ist weiter stabil, aber der Patient ……………… über Kopfschmerzen.
2 Der Patient hat ………………, in ein anderes Zimmer verlegt zu werden.
3 Auf Nachfrage äußerte er, die Medikamente nicht wie im ……………… eingetragen eingenommen zu haben.
4 Die Patientin desorientiert ………………, klagte über ……………….
Gab an, ohne ……………… nicht mehr spazieren gehen zu wollen.
5 Der Patient isst zwei Mahlzeiten am Tag statt wie üblich drei. ……………… des Allgemeinzustandes. ……………… Betreuung nötig.
6 Vergisst häufig zu trinken und läuft Gefahr ……………….
Regelmäßig zum Trinken motivieren.

5 Schreiben Sie fünf Eintragungen in den Pflegebericht einer fiktiven Patientin, die zu wenig trinkt.

Lernwortschatz

der Allgemeinzustand (Sg.) ………………
angeben, hat angegeben ………………
äußern, hat geäußert ………………
austrocknen, ist ausgetrocknet ………………
die Beaufsichtigung (Sg.) ………………
benachrichtigen, hat benachrichtigt ………………
eigenständig ………………
eintragen, hat eingetragen; die Eintragung, -en ………………
engmaschig ………………
die Dehydratation (Sg.) ………………
der Durchfall, ¨-e (die Diarrhö, -en) ………………

klagen über, hat geklagt ………………
klingeln, hat geklingelt ………………
der Krampf, ¨-e ………………
die Nachfrage, -n ………………
das Schwindelgefühl, -e ………………
schwindelig ………………
auf eigenen Wunsch ………………
einen Wunsch äußern, hat geäußert ………………
der Verordnungsbogen, ¨-
sich verschlechtern, hat sich verschlechtert ………………
die Verschlechterung, -en ………………
vorfinden, hat vorgefunden ………………

13 Pflegeberichte II

1 Verbinden Sie.

A Appetitlosigkeit

B Schlaflosigkeit

C Flüssigkeitsmangel

D Verstopfung / Obstipation

E Immobilität

2 a Ergänzen Sie. Hören Sie dann und kontrollieren Sie.

Absprache | Bettplatz | Beweglichkeit | Diagnose | Einfuhrplan | Nahrungsaufnahme | Notaufnahme | Verdacht

1 .... hat weiter abgenommen, nach ärztlicher .... Bewegungsprogramm und Mobilisierung im Alltag.
2 Die Patientin trinkt sehr unregelmäßig und nicht nach ....
3 Laut eigener Aussage seit fünf Tagen kein Stuhlgang, es besteht dringender .... auf Darmverschluss, Einweisung in die ....
4 Die Patientin hat starke Ein- und Durchschlafprobleme, seit sie die .... erhalten hat. Patientin beruhigt und erneut über den Ablauf der weiteren Behandlung aufgeklärt. Warten auf .... in der Onkologie.
5 Laut Verlaufsbeschreibung reduziert sich die .... kontinuierlich. Darauf achten, dass sich der Patient ausreichend ernährt.

b Welcher Begriff aus 1 passt zu welchem Pflegebericht in a?

Pflegebericht 1: ....
Pflegebericht 2: ....
Pflegebericht 3: ....
Pflegebericht 4: ....
Pflegebericht 5: ....

3 Welches Wort aus 1 oder 2 passt? Lösen Sie das Rätsel und finden Sie das Lösungswort.

1 Bitte erklären Sie der Patientin den ... der Behandlung.
2 Die ... des Patienten ist stark eingeschränkt, er braucht eine Gehhilfe.
3 Er geht regelmäßig auf die Toilette und hat normalen ...
4 Er isst nur noch sehr wenig. Er leidet unter ...
5 Die Patientenakte beschreibt den ... der Krankheit.
6 Ich habe die Patientin ... auf das Risiko hingewiesen.
7 Die Medikation erfolgt nach ... Absprache.

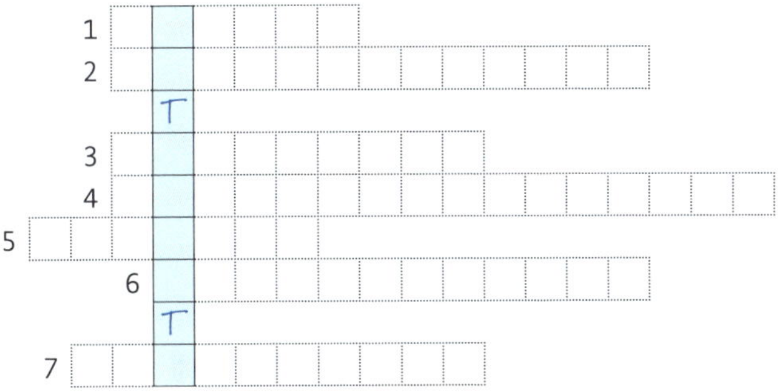

Lösung: Jeder stationär aufgenommene Patient hat einen ....

4 Finden Sie vier Wörter und ergänzen Sie.

ASHTBGERHALTENAHABGESPROCHENCGBGERFOLGTASDFBESTANDINHKBHADH

1 Die Patientin hat frisches Bettzeug ....
2 Bis jetzt .... kein Verdacht auf Demenz.
3 Die Flüssigkeitsaufnahme ist nach Einfuhrplan ....
4 Die Therapie wurde mit dem behandelnden Hausarzt ....

5 Schreiben Sie fünf Eintragungen zu einem fiktiven Patienten mit Appetitlosigkeit oder Schlaflosigkeit.

Lernwortschatz

der Ablauf, ¨-e ....
die Absprache, -n: nach ärztlicher Absprache ....
absprechen, hat abgesprochen ....
die Appetitlosigkeit (Sg.) ....
ausdrücklich ....
beweglich ....
die Beweglichkeit (Sg.) ....
der Bettplatz, ¨-e ....
die Diagnose, -n ....
der Einfuhrplan, ¨-e ....
erfolgen, ist erfolgt ....
erhalten, hat erhalten ....
die Flüssigkeitsaufnahme (Sg.) ....
der Flüssigkeitsmangel (Sg.) ....
die Immobilität (Sg.) ....
die Nahrungsaufnahme (Sg.) ....
die Notaufnahme, -n ....
die Schlaflosigkeit (Sg.) ....
der Stuhlgang (Sg.) ....
der Verdacht (Sg.): es besteht der Verdacht auf + Akk., hat bestanden ....
der Verlauf, ¨-e ....
die Verstopfung / die Obstipation (Sg.) ....

14 Vitalwerte messen

Vitalwerte sind Messwerte zu lebenswichtigen Körperfunktionen.

1 Ordnen Sie zu.

die Blutdruckmanschette | der (Körper-)Kreislauf | das Ohrthermometer | der Puls | die Schutzhülle

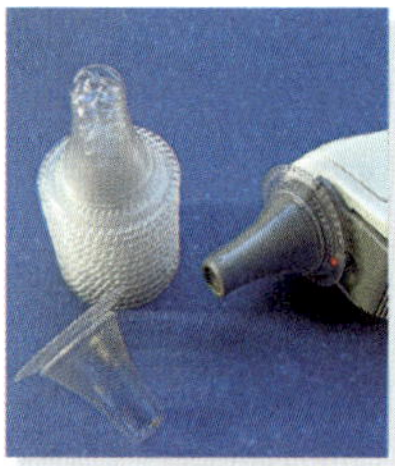

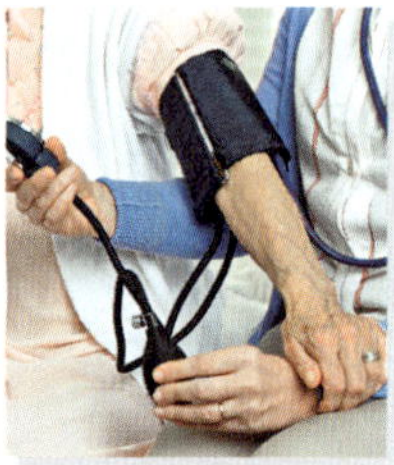

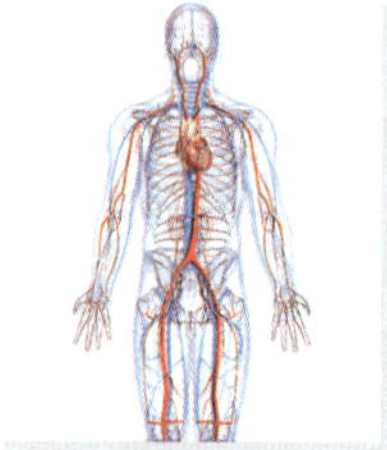

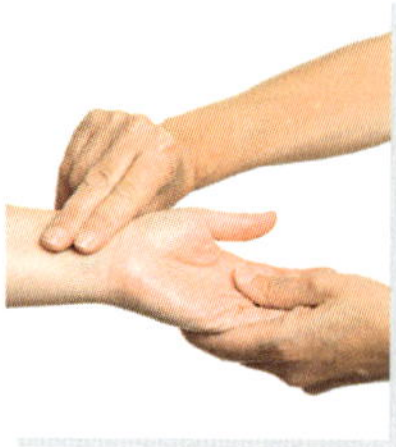

1 ....

2 ....

3 ....

4 ....

5 ....

2 Ergänzen Sie Wörter aus 1.

1 Der Blutdruck wird mit der .... gemessen. Bei normalem Blutdruck liegt der obere Wert (die Systole) bei 120 mmHg und der untere Wert (die Diastole) bei 80 mmHg. Bluthochdruck ist gefährlich und sollte bei Werten über 140 zu 90 mmHg medikamentös behandelt werden. Niedriger Blutdruck ist weniger gefährlich als hoher.

2 Die Körpertemperatur wird mit dem .... gemessen. Die Normaltemperatur liegt bei 36 bis 37,4 °C. Niedrigere Temperaturen werden als Untertemperatur bezeichnet, höhere als Fieber. Nach dem Messen muss die .... aus hygienischen Gründen entsorgt werden.

3 Der .... wird z. B. am Handgelenk getastet. Bei einem Wert unter 60 Schlägen pro Minute spricht man von verlangsamtem Pulsschlag. Bei über 90 Schlägen pro Minute ist der Puls beschleunigt.

3 Ergänzen Sie.

Vitalwert	Normalwert	Abweichung	Instrument / Methode
der	80 zu 120	hoch /	Messinstrument: die ....- ....
die ....-	36 bis 37,4	Fieber / ....-	Messinstrument: das ....
der	60 bis 90	.... /	Messmethode: ....

4 Im Patientengespräch. Lesen und ergänzen Sie.

◆ Guten Morgen. Wie geht es Ihnen heute?
○ Guten Morgen. Mir geht es nicht so gut. Ich glaube, ich habe [ieFreb] ....[1].
Und mir ist seit gestern ganz schwindelig, ich glaube, ich habe Probleme mit dem [rieKsfual] ....[2].
◆ Dann messen wir gleich mal Ihre [truareptemKperör] ....[3].
Legen Sie bitte den Kopf etwas zur Seite, ich benutze das [threretemOrhmo] ....[4]. 36,9 Grad, das ist [mlaNroruterapmte] ....[5]. Vielleicht kommt die Hitze von den Kreislaufproblemen.
Ich messe mal Ihren [dBrucktul] ....[6]. Machen Sie bitte Ihren Oberarm frei, damit ich die [schMnattee] ....[7] anlegen kann.
Ihre Werte sind zu hoch. Der [rebeo] ....[8] Wert liegt bei 150 und der [teneru] ....[9] bei 100. Das heißt, wir müssen Ihren Blutdruck senken.
○ Muss ich wieder Tabletten nehmen?
◆ Ja, dauerhaften [chhoukcdrltuB] ....[10] müssen wir medikamentös [hebannled] ....[11]. Vermeiden Sie bitte in nächster Zeit Stress und Anstrengungen. Ich taste noch kurz Ihren [sschPlugal] ....[12]. Geben Sie mir bitte ihr [ndHakleneg] ....[13]. Moment. Ihr Puls ist normal.

5 Welches Verb passt? Verbinden Sie.

1 Stress	A freimachen
2 den Puls	B behandeln
3 Blutdruck	C vermeiden
4 den Oberarm	D tasten
5 eine Krankheit medikamentös	E senken

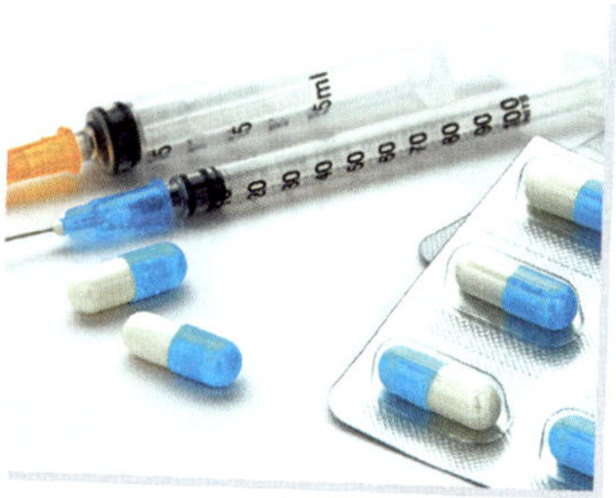

6 Sie messen bei einem Patienten die Vitalwerte. Schreiben Sie einen Dialog ähnlich wie in 4.

Lernwortschatz

behandeln, hat behandelt ....
beschleunigt ....
die Blutdruckmanschette, -n ....
der Bluthochdruck (Sg.) ....
freimachen, hat freigemacht ....
das Handgelenk, -e ....
der (Körper-)Kreislauf (Sg.) ....
die Körpertemperatur (Sg.) ....
medikamentös ....
niedrig ....
die Normaltemperatur (Sg.) ....
das Ohrthermometer, – ....

der Puls (Sg.), der Pulsschlag, ¨-e ....
....
die Schutzhülle, -n ....
senken, hat gesenkt ....
tasten, hat getastet ....
die Untertemperatur (Sg.) ....
der Wert, -e ....
der obere Wert / die Systole ....
der untere Wert / die Diastole ....
der Vitalwert, -e ....
verlangsamt ....
vermeiden, hat vermieden ....

15 Nahrungsaufnahme und Kostformen

1 Kostformen – Verbinden Sie.

1 Reduktionskost
2 Vollkost
3 Schonkost
4 Wunschkost
5 Aufbaukost

A heißt, der Patient darf alles essen.
B heißt, dass Nahrungsmenge und -art langsam gesteigert werden.
C ist Essen, das sich der Patient wünscht.
D soll das Körpergewicht des Patienten reduzieren.
E ist leicht verdaulich und schont den Darm.

2 Verbinden Sie.

1 zum Mund führen
2 ein Brot streichen
3 Wasser (runter-)schlucken
4 kauen
5 schneiden

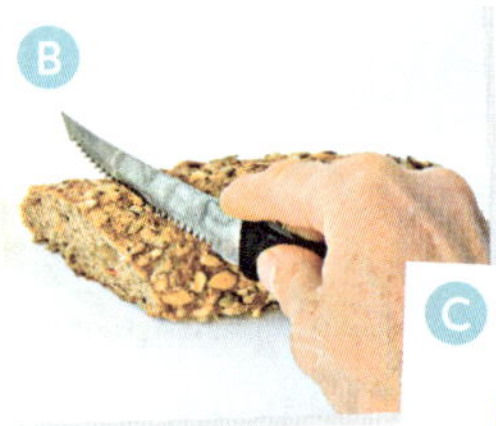

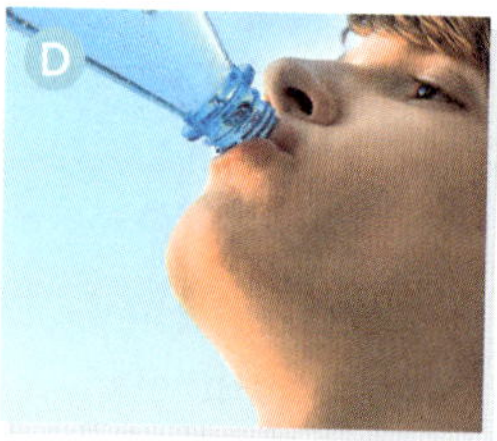

3 Hören und ergänzen Sie.

1 Frau Semmelrogge hat keine Allergien oder .... [a] und kann selbstständig .... [b] und .... [c]. Sie bekommt .... [d]. Da sie ihre Hände nicht kontrolliert bewegen und das Essen nicht zum Mund .... [e] kann, muss das Pflegepersonal es ihr in .... [f] Stücke schneiden, es anreichen und ihr eingeben. Trinken kann Frau Semmelrogge selbstständig mithilfe eines .... [g].

2 Herr Siebert muss aufgrund einer beginnenden Demenz bei den Mahlzeiten betreut werden. Er bekommt .... [a], aber da er das Essen häufig .... [b], anstatt zu schlucken, muss darauf geachtet werden, dass er genügend Nahrung und Flüssigkeit .... [c]. Ein .... [d] hilft ihm bei der Flüssigkeitsaufnahme. Er sollte Wasser, Saft und Tee konzentriert und .... [e] trinken.

3 Herr Marzahn ist am Darm operiert worden. Während der viertägigen Nahrungskarenz wurde er parenteral ernährt. Zurzeit nimmt er .... [a] Schonkost zu sich. Er .... [b] keine Nüsse.

Schnabelbecher

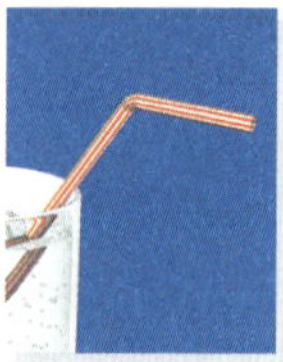
Trinkhalm

4 **Ergänzen Sie.**

1 Während einer [kaNahrenzrungs] .... darf man keine Nahrung zu sich nehmen.
2 In dieser Zeit wird man [renalterpa] .... ernährt. Danach bekommt man [stbauokAuf] .... und dann [nokostSch] ....
3 Die ist leicht [dauverlich] .... und [ramttef] ....
4 Wenn Patienten nicht selbstständig essen können, muss die Pflegekraft ihnen die Brote [chneierst] .... und das Essen [nsnchdiee] .... und [ebnieegn] ....
5 Kleine Kinder oder demente Patienten [ckuensp] .... das Essen dann manchmal aus.
6 Arzneitee sollte man langsam und [luschcksewei] .... trinken. Für Patienten, denen das Trinken aus der Tasse Schwierigkeiten bereitet, gibt es [menkTrihal] .... oder [naSchbebelcher] ....
7 Stark übergewichtige Patienten bekommen [stReoksniotkud] .... , damit sie abnehmen.

5 **Welche Kostformen kennen Sie? Was ist dabei wichtig? Notieren Sie.**

Lernwortschatz

die Aufbaukost (Sg.) ....
ausspucken, hat ausgespuckt ....
eingeben, hat eingegeben ....
fettarm ....
(zum Mund) führen, hat geführt ....
kauen, hat gekaut ....
mundgerecht ....
die Nahrungskarenz (Sg.) ....
die Nahrungsmittelunverträglichkeit, -en ....
zu sich nehmen, hat genommen ....
parenteral ....
die Reduktionskost (Sg.) ....
salzarm ....
(runter-)schlucken, hat (runter-)geschluckt ....
schluckweise ....
der Schnabelbecher, – ....
schneiden, hat geschnitten ....
die Schonkost (Sg.) ....
streichen, hat gestrichen ....
der Trinkhalm, -e ....
(leicht/schwer) verdaulich ....
vertragen, hat vertragen ....
die Vollkost (Sg.) ....
die Wunschkost (Sg.) ....

16 Betten machen

1 Sortieren Sie. Notieren Sie mit Artikel.

~~Bettlaken~~

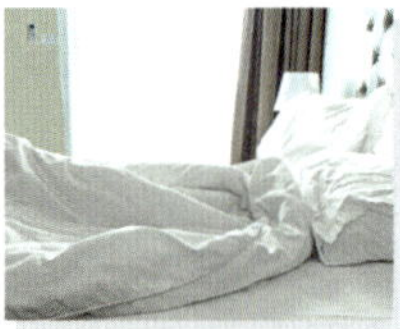
(Bett-)Decke

(Kopf-)Kissen

Bezug

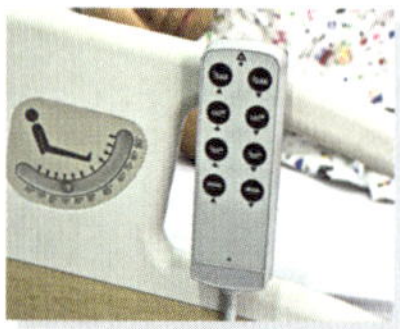
Fernbedienung

Rolle

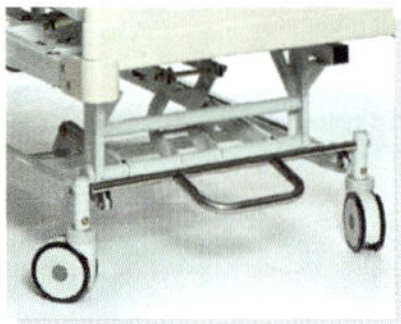
Bremse

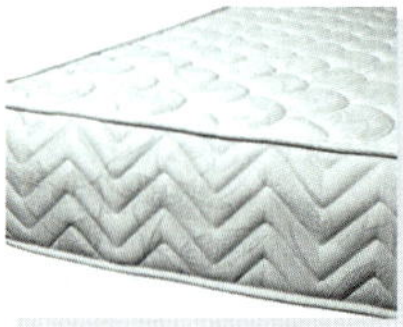
Matratze

Bettbügel

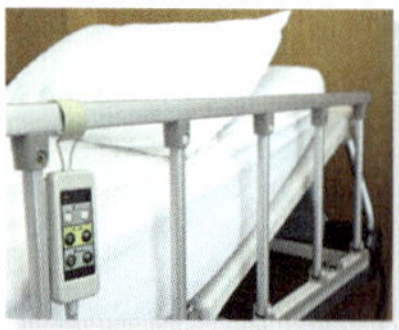
Bettgitter

Das hat jedes Bett:	Das haben nur Krankenhausbetten:
das Bettlaken	

2 Was passt? Finden Sie die Wörter und ergänzen Sie.

ASDKBHPFLEGEKRÄFTEKSDFHBBZIMMELKCHOGHGTVROLLENSDHAFGOSDFASD

FDNBBETTBÜGELSDFJHÖSDHFKLINIKBETTKSDFHHSGLSBETTGITTERSDKFJBET

Ein .... [1] besteht aus dem Kopf-, dem Mittel- und dem Fußteil, die man unterschiedlich einstellen kann. Schwache oder bettlägerige Patienten können sich am .... [2] festhalten, um sich aufzusetzen und wieder hinzulegen. Die .... [3] verhindern, dass unruhige Patienten aus dem Bett fallen. Durch die .... [4] ist das Bett mobil und kann in ein anderes .... [5] geschoben werden. Außerdem ist es höhenverstellbar, um die Arbeit der .... [6] zu erleichtern. Die müssen den Patienten möglichst leicht im Bett pflegen können und sollten dabei gerade stehen können.

3 Im Patientengespräch – Hören und ergänzen Sie.

◆ Mein Bett ist so niedrig. Ist das normal?
○ Nein, es ist höhenverstellbar. Warten Sie, ich .... [1] es Ihnen .... [2].
◆ Und mein Laken ist schmutzig. Können Sie mein Bett neu .... [3]?
○ Ja, natürlich. Warten Sie, ich helfe Ihnen beim Aufstehen. Sie können sich hier oben am Bügel .... [4]. Dann beziehe ich das Bett.

◆ Sind Sie gleich fertig? Ich würde mich gern wieder ____________[5].

○ Moment, nur noch kurz ____________[6], jetzt ist es fertig. Wissen Sie, wie Sie das Kopf- und Mittelteil einstellen können?

◆ Ja, mit der Fernbedienung. Also, wenn ich mich ____________[7] möchte, drücke ich diese Taste.

○ Genau. Und wenn Sie ...

4 Lösen Sie das Rätsel und finden Sie das Lösungswort.

1 Man kann das Bett auf den Rollen bewegen, es ist ...
2 Bevor ein neuer Patient kommt, muss die Reinigungskraft das Bett gründlich ...
3 Ein Patient, der nicht aus dem Bett aufstehen kann, ist ...
4 Der Krankenpfleger zieht das Bettlaken ...
5 Zum Anhalten ist unten an der Rolle eine ...
6 Wenn man schlafen möchte, stellt man das Kopfteil ... ein.
7 Wenn man bequem liegt, liegt der Kopf auf dem (Kopf-) ...
8 Das Kopf- und Mittelteil stellt man mit der ... ein.

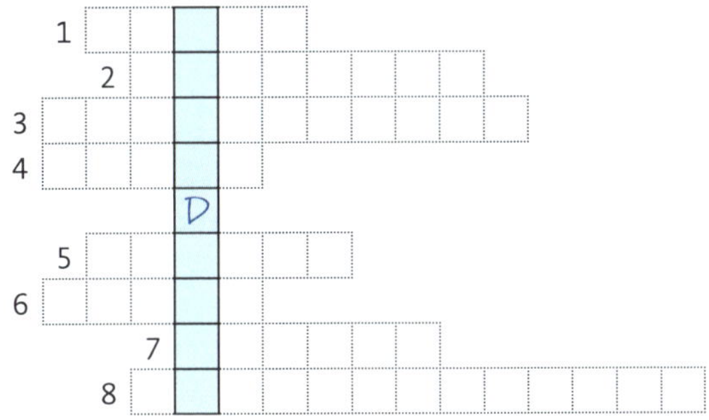

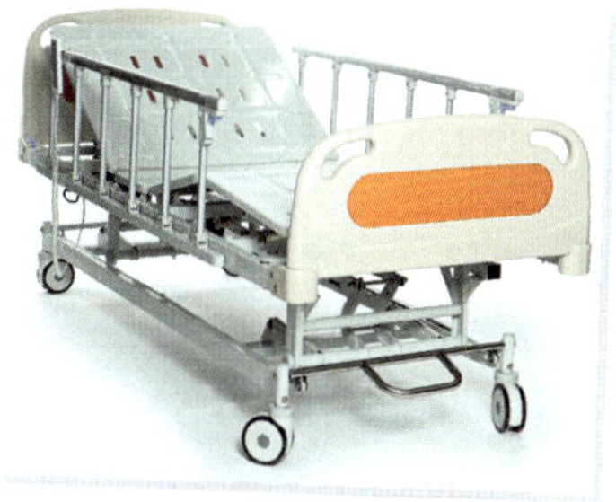

Lösung: Wenn man schläft, liegt man unter der ____________.

5 Wie beziehen Sie ein Klinikbett? Notieren Sie.

Lernwortschatz

sich aufsetzen, hat sich aufgesetzt ____________
der Bettbügel, – ____________
das Bettgitter, – ____________
das Bettlaken, – ____________
bettlägerig ____________
beziehen, hat bezogen ____________
die Bremse, -n ____________
der Bezug, ¨-e ____________
die (Bett-)Decke, -n ____________
einstellen, hat eingestellt ____________
flach ____________
die Fernbedienung, -en ____________
sich festhalten, hat sich festgehalten ____________

glatt ziehen, hat glatt gezogen ____________
____
sich hinlegen, hat sich hingelegt ____________
höhenverstellbar ____________
das (Kopf-)Kissen, – ____________
die Matratze, -n ____________
mobil ____________
reinigen, hat gereinigt ____________
die Rolle, -n ____________
das Teil, -e ____________
- das Fußteil, -e ____________
- das Kopfteil, -e ____________
- das Mittelteil, -e ____________

17 Medikamente I

1 Hören und ergänzen Sie.

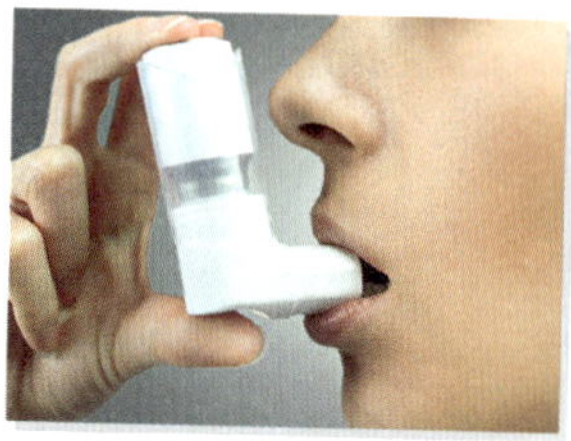
Spray

Gegen Ihr Asthma verschreibe ich Ihnen zwei ____________[1]. Das eine ist eine Bedarfsmedikation, d. h. Sie nehmen es, wenn Sie einen Anfall bekommen. Schütteln Sie das Spray zuerst, dann atmen Sie tief aus und nehmen das ____________[2] in den Mund. Sie drücken unten drauf und ____________[3]. Wenn der Anfall stark ist, brauchen Sie vielleicht einen zweiten ____________[4]. Das andere Spray ist für die ____________[5], das nehmen Sie regelmäßig. Es enthält ____________[6] und das kann starke Nebenwirkungen haben. Spülen Sie deshalb nach jeder Anwendung den Mund aus.

2 Ergänzen Sie.

Brausetabletten Filmtabletten
lindern Tagesdosis
wirken Wirkstoff

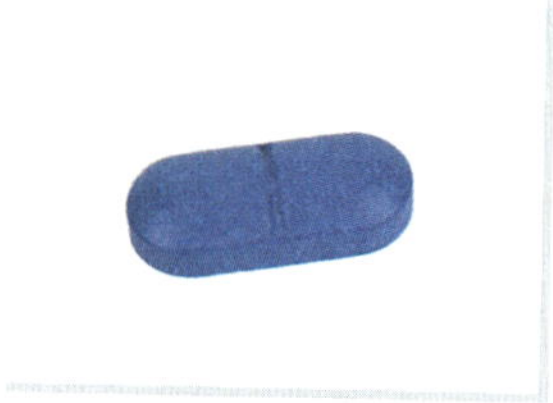
Filmtabletten

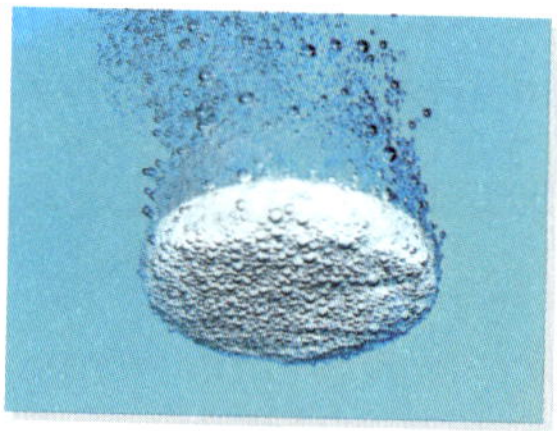
Brausetabletten

Ich verschreibe Ihnen zuerst ____________[1], die Sie in Wasser auflösen. Die nehmen Sie bei Bedarf. Sie ____________[2] in 20 Minuten. Die maximale ____________[3] beträgt fünf Tabletten, das steht auch im Beipackzettel. Und dann bekommen Sie noch ____________[4], die haben einen anderen ____________[5]. Nach etwa einer Woche werden Sie merken, dass die Medikamente Ihre Beschwerden dauerhaft ____________[6].

3 Ergänzen Sie.

Salbe

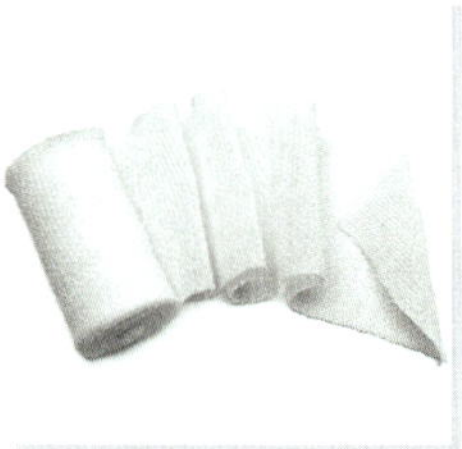
Mullbinde

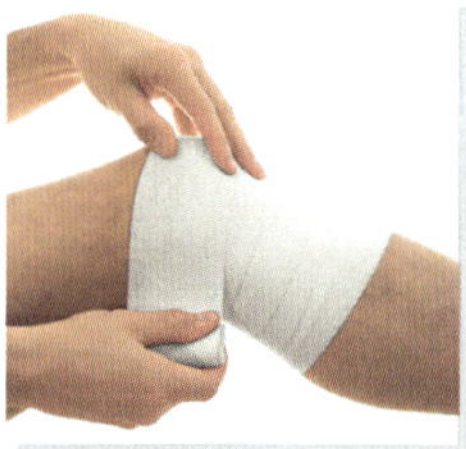
Verband

Kompresse

So, dann zeige ich Ihnen, wie man einen Salbenverband anlegt. Reiben Sie das Knie mit ____________[1] ein. Dann legen Sie die ____________[2] drauf und wickeln die ____________[3] drum. Beachten Sie bitte die Packungsbeilage für die Salbe und wechseln Sie den ____________[4] täglich.

4 Finden Sie die Verben und ergänzen Sie.

KLJWIRKENLKJAUSSPÜLENLKSDFHVERSCHREIBENSDFLK

JÖENTHALTENJCVTVBLINDERNLHGSCHÜTTELN

1 innerhalb von wenigen Minuten ....
2 Tabletten ....
3 einen Wirkstoff ....
4 ein Spray vor der Anwendung ....
5 Schmerzen oder Beschwerden ....
6 den Mund ....

5 Ergänzen Sie.

1 In der [bieegalkgnusPca] .... steht, dass man nach jeder [ngunweAnd] .... den Mund ausspülen soll.
2 Der Arzt sagte, mit dem [labSenbndarev] .... werden sich die Schmerzen in der Schulter bald [srenseb] ....
3 Auf dem [lzettekapcBie] .... heißt es, dass das Medikament [riwNbenegneknu] .... wie Schwindel, Kopfschmerzen und Übelkeit haben kann.
4 Die Tabletten sind zur [drafeBsidmetnoika] .... gedacht, also nur, wenn akute Beschwerden auftreten. Nehmen Sie diese Tabletten nicht regelmäßig ein.

6 Beschreiben Sie ein Medikament, das Sie gut kennen. Nennen Sie den Wirkstoff, mögliche Nebenwirkungen und andere Informationen.

Lernwortschatz

die Anwendung, -en ....
ausspülen, hat ausgespült ....
die Bedarfsmedikation, -en ....
(sich) bessern, hat (sich) gebessert ....
die Brausetablette, -n ....
die Dauermedikation, -en ....
die Dosis, Dosen ....
enthalten, hat enthalten ....
die Filmtablette, -n ....
der Hub, ¨-e ....
inhalieren, hat inhaliert ....
die Kompresse, -n ....
das Kortison (Sg.) ....

lindern, hat gelindert ....
die Mullbinde, -n ....
das Mundstück, -e ....
die Nebenwirkung, -en ....
die Packungsbeilage, -n / der Beipackzettel, – ....
die Salbe, -n ....
schütteln, hat geschüttelt ....
das Spray, -s ....
der (Salben-)Verband, ¨-e ....
verschreiben, hat verschrieben ....
wirken, hat gewirkt ....
der Wirkstoff, -e ....

18 Medikamente II

1 **Lesen Sie zuerst die Tabelle und ergänzen Sie dann.**

Beschwerde	Arzneimittel	Darreichungsform	Beschreibung	Vorsicht
trockene Augen	künstliche Tränenflüssigkeit	Augentropfen	Flüssigkeit zum Eintropfen in den Bindehautsack	
Kopf- und Gliederschmerzen	Schmerzmittel	Kapsel	zum Einnehmen	unzerkaut, nicht auf nüchternen Magen
Verstopfung	Abführmittel	Zäpfchen	rektal, zum Einführen in den After	Wechselwirkungen mit anderen Medikamenten möglich
Gelenkschmerzen	lokales Schmerzmittel	Gel	zum Auftragen auf die Haut	
Halsentzündung	Antibiotikum	Tablette	zum Einnehmen	nicht vor Ende der Therapie absetzen

1 Ein .... wird ähnlich wie eine Salbe angewendet. Man trägt es auf die Haut auf.

2 .... tropft man direkt ins Auge, und zwar hinter das untere Lid. Dort ist der ....

3 Eine .... ist ähnlich wie eine Tablette. Man schluckt sie, aber man darf sie häufig nicht auf .... nehmen, also nicht, wenn man noch nichts gegessen hat.

4 Ein .... muss man in den .... stecken, d.h. es wird .... verabreicht.

5 .... ist ein anderes Wort für Medikament.

6 Tabletten, Salben, Gels und Tropfen sind ....

7 Wenn man längere Zeit nicht auf die Toilette gehen kann, leidet man an Verstopfung und man braucht ein ....

8 Gegen eine schwere Entzündung hilft ein .... Man muss es so lange nehmen, wie der Arzt es verschrieben hat, und darf es nicht vorher ....

9 Wenn zwei Medikamente sich gegenseitig beeinflussen, gibt es eine ....

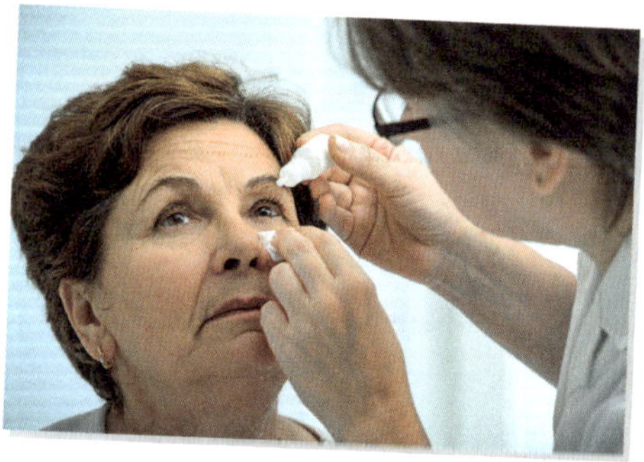

2 Verbinden Sie.

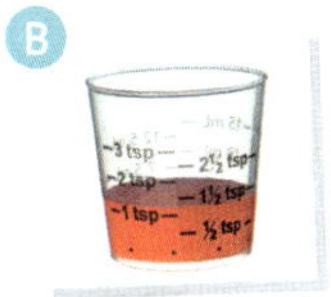
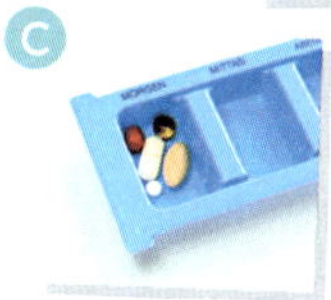
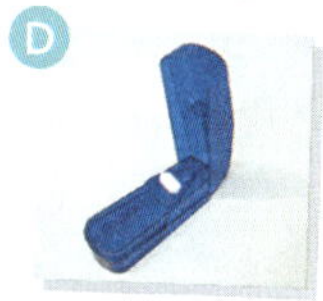

1 Im Medikamentenbecher sind flüssige Arzneimittel.
2 Im Tablettendispenser bekommt der Patient Tabletten für einen Tag.
3 Mit dem Tablettenteiler kann man halbe Tabletten dosieren.
4 Blister heißt die Verpackung von Kapseln und Tabletten.

3 Ein Gespräch unter Kollegen – Hören und ergänzen Sie.

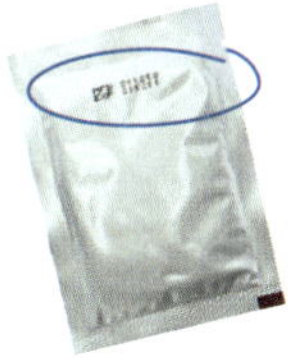

- ◆ Wenn du Kapseln oder Tabletten in den .... [1] gibst, dann nimmst du sie nicht mit den Fingern, sondern gibst sie direkt aus dem .... [2] in den Dispenser.
- ○ In Ordnung. Und wie bereite ich Flüssigkeiten vor?
- ◆ In einzelnen .... [3]. Jedes Mal, wenn du ein Medikament vorbereitest, musst du auf das .... [4] gucken. Wenn es .... [5] ist, musst du es wegwerfen.
- ○ Und was muss ich im Patientenkontakt beachten?
- ◆ Sag den Patienten immer, was du als nächstes machen möchtest, z. B. „Ich werde Ihnen das .... [6] auf das Knie .... [7].“ Oder: „Legen Sie bitte den Kopf zurück, damit ich Ihnen die Augentropfen in den Bindehautsack .... [8] kann.“ Besonders, wenn du ein Zäpfchen .... [9] musst, ist es wichtig, die Patienten gut anzuleiten. Bei Tabletten und Kapseln muss du darauf achten, dass die Patienten sie nicht .... [10].
- ○ Eine Frage noch: Wie kann ich so eine Tablette in zwei Hälften brechen?
- ◆ Dafür gibt es den .... [11].

4 Sie arbeiten einen neuen Kollegen ein. Notieren Sie, was er bei der Medikamentengabe beachten muss.

Lernwortschatz

das Abführmittel, – ....
abgelaufen ....
absetzen, hat abgesetzt ....
der After (Sg.) ....
das Antibiotikum, Antibiotika ....
das Arzneimittel, – ....
auftragen, hat aufgetragen ....
Augentropfen (Pl.) ....
der Bindehautsack, ¨-e ....
der Blister, – ....
die Darreichungsform, -en ....
einführen, hat eingeführt ....
eintropfen, hat eingetropft ....
das Gel, -e/-s ....
die Kapsel, -n ....
der Medikamentenbecher, – ....
auf nüchternen Magen ....
rektal ....
der Tablettendispenser, – ....
der Tablettenteiler, – ....
das Verfalldatum, -daten ....
die Wechselwirkung, -en ....
das Zäpfchen, – ....
zerkauen, hat zerkaut ....

19 Diagnostische Geräte und Untersuchungen

1 Untersuchungsmethoden – Ergänzen Sie.

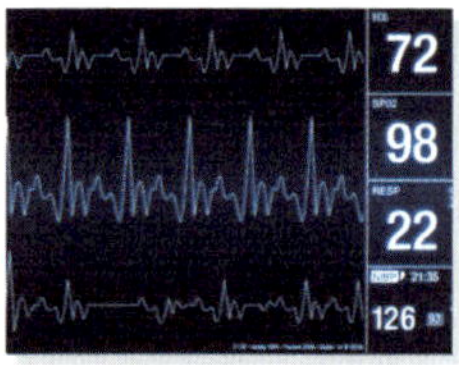

Elektrokardiogramm/EKG

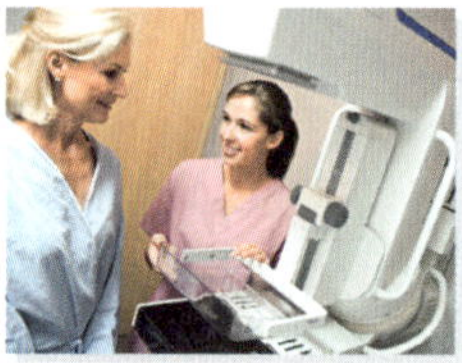
Mammografie

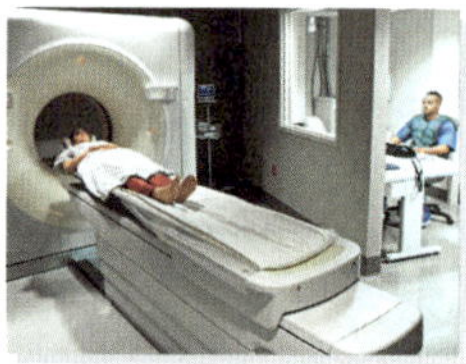
Computertomografie/CT

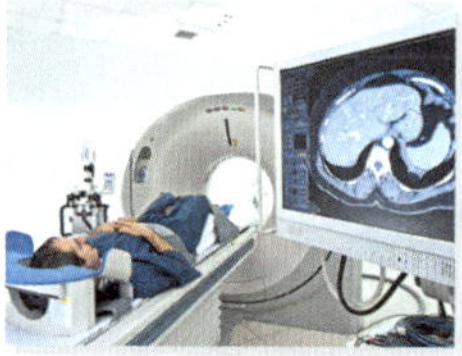
Kernspintomografie/MRT

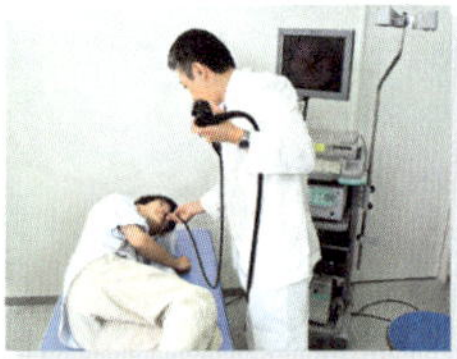
Endoskopie/Spiegelung

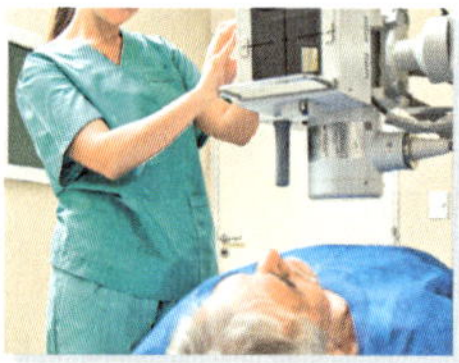
Röntgenuntersuchung

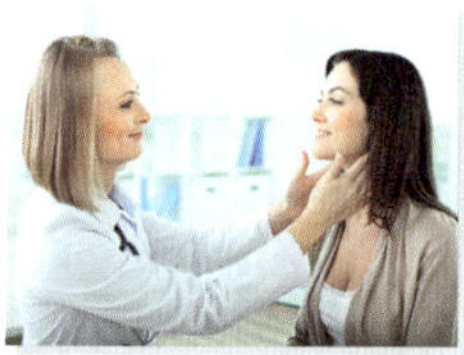
Tastuntersuchung

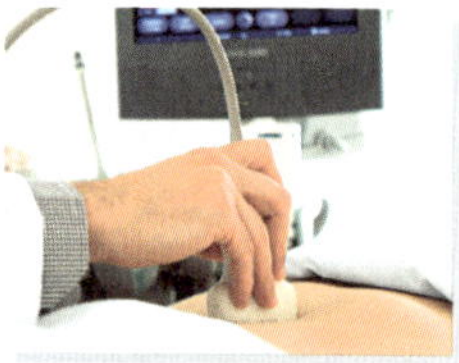
Ultraschalluntersuchung/Sonografie

1 Vielleicht ist Ihr Arm gebrochen. Wir machen eine ________________.
2 Wir müssen Ihren Magen untersuchen und eine Magen________________ machen. Dazu führen wir diese Sonde durch Ihren Mund ein.
3 Ihr Herz schlägt unregelmäßig, das sieht man auf dem ________________.
4 Bei der ________________ haben wir die Arme und Beine des Babys gesehen.
5 Für die ________________ müssen Sie sich in diese Röhre legen. Bitte legen Sie dazu alle metallischen Teile ab.
6 Bei der ________________ fühlt der Arzt, ob Ihre Lymphknoten geschwollen sind.
7 Mithilfe der ________________ erhalten wir ein dreidimensionales Bild von Ihrem Körper.
8 Wir machen jetzt eine ________________. Legen Sie bitte Ihre Brust hier drauf.

2 Ergänzen Sie.

Beruhigungsmittel | Darmspiegelung | neurologische | Röntgenuntersuchung | Tastuntersuchung | Untersuchungsergebnis | Veränderungen

1 In einer gastroenterologischen Klinik wird der Verdauungstrakt untersucht. Hierhin geht man z. B. für eine ________________.
2 Aus Haut, Fett, Knochen oder Muskel, also aus dem Gewebe, wird eine Probe entnommen und ins Labor geschickt. Von dort kommt nach einigen Tagen das ________________.
3 Durch eine ________________ können Knoten gefunden werden, das sind Schwellungen, Veränderungen oder Verhärtungen im Gewebe.
4 Eine ________________ Klinik ist auf Nervenkrankheiten spezialisiert.

5 Biopsie bedeutet Entnahme von Gewebe. Ängstliche Patienten bekommen dafür ein ....
6 Eine klassische radiologische Untersuchung ist die ....
7 Zysten sind meist krankhafte .... im Gewebe. Sie können mit Luft oder Flüssigkeit gefüllt sein.

3 Was passt nicht? Streichen Sie.

1 Zyste – Kernspintomografie – Knoten – Veränderung
2 Röntgen – Ultraschall – Gewebe – CT
3 biologisch– gastroenterologisch – radiologisch – neurologisch
4 Entnahme – Gewebeprobe – Biopsie – Elektrokardiogramm

4 Hören und ergänzen Sie.

Ich habe bei der Tastuntersuchung einen .... [1] festgestellt. Vielleicht ist es eine .... [2], aber ich kann nicht sagen, ob sie .... [3] ist. Ich denke, dazu ist eine .... [4] nötig. Dabei .... [5] wir eine kleine .... [6] aus Ihrem .... [7]. Ich verspreche Ihnen, dass die .... [8] nicht sehr schmerzhaft wird. Ich mache jetzt noch einen Ultraschall, aber auf eine .... [9] Untersuchung können wir vorerst verzichten.

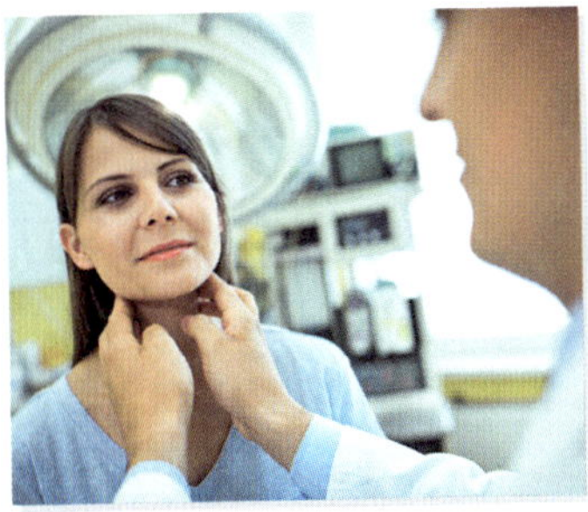

5 Sie bereiten einen Patienten auf eine gastroenterologische Untersuchung vor, z. B. eine Magen- oder Darmspiegelung. Schreiben Sie einen Text ähnlich wie in 4.

Lernwortschatz

das Beruhigungsmittel, – ....
die Biopsie, -n ....
die Computertomografie (CT), -n ....
das Elektrokardiogramm (EKG), -e ....
die Entnahme, -n ....
entnehmen, hat entnommen ....
gastroenterologisch ....
das Gewebe, – ....
die Kernspintomografie (MRT), -n ....
der Knoten, – ....
krankhaft ....
die Mammografie, -n ....
neurologisch ....
die Probe, -n ....
die Spiegelung, -en / die Endoskopie, -n ....
die Tastuntersuchung, -en ....
radiologisch ....
die Röntgenuntersuchung, -en ....
die Ultraschalluntersuchung, -en ....
das Untersuchungsergebnis, -se ....
die Veränderung, -en ....
die Zyste, -n ....

20 Ausscheidungsorgane

1 Körperteile – Welche Abbildung passt zu welchem Satz? Notieren Sie die Buchstaben.

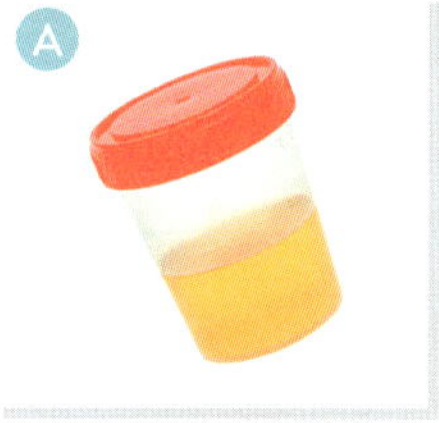

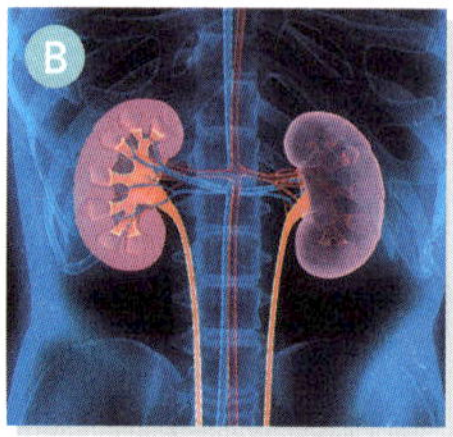

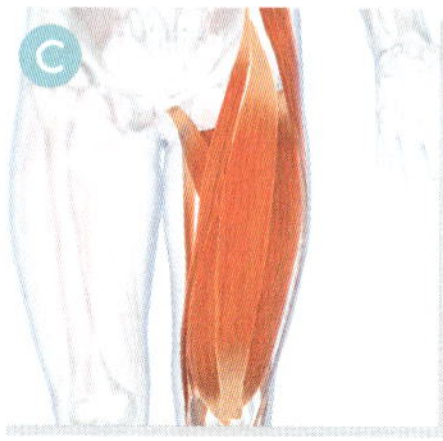

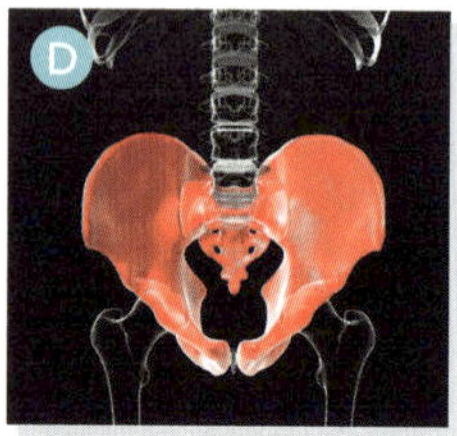

1 ...... Die Nieren sind das wichtigste Ausscheidungsorgan.
2 ...... Das Becken verbindet den Bauch und die Beine.
3 ...... Beim Wasserlassen scheiden wir Urin (auch Harn genannt) aus.
4 ...... Als Muskulatur bezeichnet man die Gesamtheit der Muskeln.

2 Inkontinenz – Ergänzen Sie.

Beckenbodenmuskulatur | Blasenschwäche | Darminkontinenz | Harnblase | Harnröhre

1 Der Urin fließt von den Nieren über die Harnleiter in die .... (kurz: Blase) und sammelt sich dort. Dann fließt er über die .... ab.
2 Wenn ein Patient den Urin nicht halten kann, spricht man von einer .... Ein häufiger Grund ist eine schwache ....
3 Eine Ursache für .... ist, dass der Schließmuskel am After nicht mehr zuverlässig funktioniert und Stuhl unkontrolliert ausgeschieden wird.

3 Welche Wörter haben die gleiche Bedeutung? Verbinden Sie.

1 Stuhlinkontinenz
2 Wasser lassen
3 Blasenschwäche
4 Harn

A Urin
B Harninkontinenz
C Darminkontinenz
D die Harnblase entleeren

4 Zwei Patienten berichten – Hören und ergänzen Sie.

A Ich leide unter einer ....[1] und verliere beim Husten oder Lachen häufig ....[2]. Das ist sehr unangenehm, darum trainiere ich jetzt meine ....[3]. Dadurch ist meine ....[4] schon besser geworden. Ich kann die Muskeln kontrollierter ....[5] und entspannen.

B Ich habe wegen einer Darmerkrankung Schwierigkeiten bei der ....[6]. Fast bei jedem ....[7] habe ich Durchfall, oft ist mein ....[8] flüssig oder sogar wässrig. Wenn ich Blähungen habe, kann ich meinen ....[9] nicht gut kontrollieren. Ich hoffe, es ist keine ....[10].

5 Finden Sie die Wörter und ergänzen Sie.

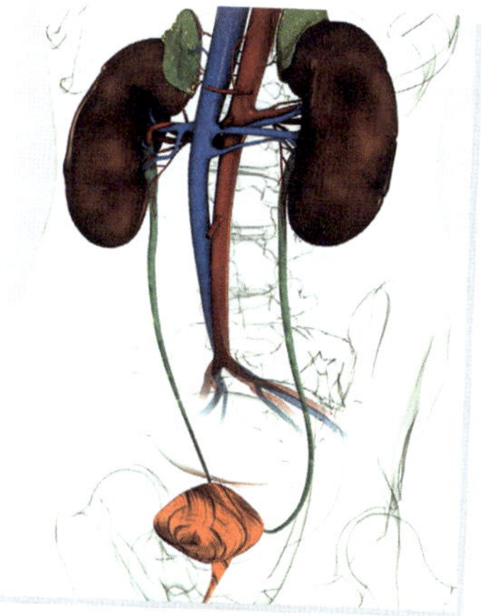

1 Schmerzen beim [ssressneWala] ______ können entweder auf eine Infektion der [ranHerrhö] ______ hinweisen oder sogar auf eine Entzündung der [selbanHar] ______.
2 Wenn die [eirenN] ______ Harn [iesuaschned] ______, läuft er über die [trelienarH] ______ in die Blase.
3 Haben Sie häufig [hälgnuBen] ______, also Luft im Bauch? Und ist ihr Stuhl breiig, [gisslüf] ______ oder [säwsgir] ______?
4 Wie oft [netnereel] ______ Sie am Tag etwa Ihre Blase? Haben Sie Schmerzen im Unterbauchbereich oder im [kneceB] ______ bereich?

6 Welches Wort ist das? Lösen Sie das Rätsel.

1 die Muskulatur zusammenziehen: ☐☐☐☐☐☐☐☐☐
2 ein Körperteil, der Inkontinenz verhindert: der ☐☐☐☐☐☐☐☐☐☐☐☐☐
3 ein Toilettengang: die ☐☐☐☐☐☐☐☐☐☐☐☐☐☐☐
4 ein Knochen, der Harnblase und Dickdarm umgibt: das ☐☐☐☐☐☐

Lösungswort: die ☐☐☐☐☐

7 Welche Schwierigkeiten können Patienten bei der Ausscheidung von Harn und Stuhl haben? Notieren Sie.

Lernwortschatz

anspannen, hat angespannt ______
ausscheiden, hat ausgeschieden ______
______
das Becken (Sg.) ______
die Beckenbodenmuskulatur (Sg.) ______
______
die Blähung, -en ______
die Blasenschwäche, -n ______
entleeren, hat entleert ______
flüssig ______
der Harn / der Urin (Sg.) ______
die Harnblase, -n ______
die Harninkontinenz (Sg.) ______

der Harnleiter, – ______
die Harnröhre, -n ______
die Muskulatur (Sg.) ______
die Niere, -n ______
der Schließmuskel, -n ______
der Stuhl (Sg.) ______
die Stuhlentleerung, -en ______
die Stuhl-/Darminkontinenz (Sg.) ______
______
der Toilettengang, ¨-e ______
Wasser lassen, hat gelassen ______
______
wässrig ______

21 Stuhl- und Urinuntersuchungen

1 **Welches Foto passt zu welchem Satz? Notieren Sie die Buchstaben.**

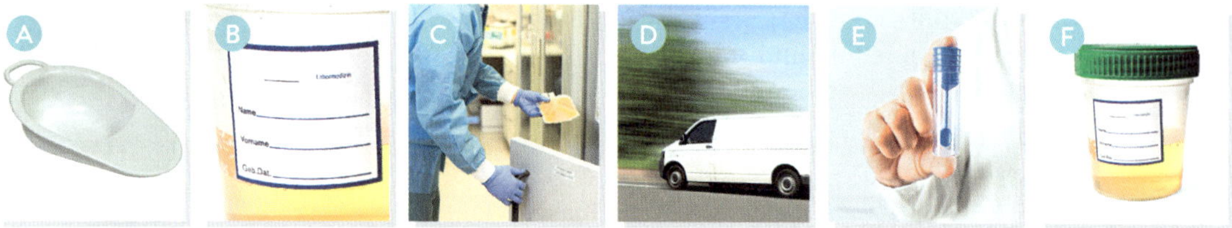

1 ...... Benutzen Sie für die Urinprobe bitte diesen Urinbecher.
2 ...... Beschriften Sie das Etikett mit Ihrem Namen und dem Datum.
3 ...... Setzen Sie den nächsten Stuhl bitte in die Bettpfanne ab.
4 ...... Für die Stuhlprobe benutzen Sie bitte dieses Stuhlprobenröhrchen.
5 ...... Die Lagerung der Proben erfolgt im Kühlschrank.
6 ...... Um 14 Uhr ist der nächste Transport ins Labor.

2 **Ergänzen Sie.**

auffangen | Eiweiß | mikrobiologische | Mittelstrahlurin | Krankheitserreger | Transport | verwerfen

Wir brauchen den ....[1]. Das bedeutet, dass Sie nur die mittlere Portion des Urins ....[2]. Die erste und letzte Portion ....[3] Sie. Bringen Sie die Probe dann hier zur Anmeldung. Es gibt jeden Nachmittag einen ....[4] ins Labor. Dort wird der Urin auf Kreatinin, ...[5], Blut und Zuckerwerte untersucht. Außerdem erfolgt eine ....[6] Untersuchung auf verschiedene ....[7].

absetzen | Beimengungen | beschriften | Bettpfanne | Eiter | Etikett | Stuhlprobenröhrchen

Wenn Sie das nächste Mal Stuhl ....[8], benutzen Sie bitte die ....[9]. Dann machen Sie dieses ....[10] etwa halb voll. Wenn Sie ....[11] wie Blut oder ....[12] sehen, geben Sie davon etwas ins Röhrchen. Ganz wichtig ist auch, dass Sie ein ....[13] aufkleben und ....[14].

3 **Finden Sie die Wörter und ergänzen Sie.**

LKHGMORGENURINADBEIMENGUNGENFGJKREATININWERTEKJGBG

HÄMATURIELKSKJSDLAGERUNGUZT

1 Bei der Laboruntersuchung ist eine .... festgestellt worden. Das heißt, Sie haben Blut im Urin.
2 Ihre .... sind sehr hoch und Sie haben Eiweiß im Urin, deshalb müssen wir Ihre Nieren untersuchen.
3 Mein .... ist schaumig und ganz trüb, nicht so durchsichtig wie sonst.
4 Blut, Eiter oder andere Substanzen im Stuhl bezeichnet man als ....
5 Bitte beschriften Sie das Etikett vollständig, damit die Probe bei der .... und beim Transport nicht verwechselt wird.

4 Verbinden Sie.

1 Der Morgenurin wird im Urinbecher	festgestellt.
2 Urin wird im Labor mikrobiologisch	verworfen.
3 Die Proben werden im Kühlschrank	gelagert.
4 Bei der Untersuchung wurde eine Hämaturie	untersucht.
5 Für den Mittelstrahlurin wird die erste und letzte Portion	transportiert.
6 Die Stuhlproben werden jeden Tag um 13 Uhr ins Labor	aufgefangen.

5 Hören Sie und kreuzen Sie an.

1 Der Patient hatte ○ Blut ○ Eiter im Stuhl.
2 In der Urinprobe war viel ○ Kreatinin. ○ Eiweiß.
3 Der Patient soll ○ Morgenurin ○ Mittelstrahlurin sammeln.
4 Es wurde eine ○ Hämaturie ○ Verunreinigung festgestellt.
5 Der Urin ist ○ klar. ○ trüb.

6 Sie bitten einen Patienten um eine Stuhl- oder Urinprobe und erklären ihm, welche Untersuchungen damit gemacht werden. Notieren Sie.

Lernwortschatz

(Stuhl) absetzen, hat abgesetzt ....
auffangen, hat aufgefangen ....
die Beimengung, -en ....
beschriften, hat beschriftet ....
die Bettpfanne, -n ....
der Eiter (Sg.) ....
das Eiweiß, -e / das Protein, -e ....
der Erreger, – ....
das Etikett, -en ....
feststellen, hat festgestellt ....
die Hämaturie, -n ....
lagern, hat gelagert ....
die Lagerung (Sg.) ....
das Kreatinin (Sg.) ....
mikrobiologisch ....
der Mittelstrahlurin (Sg.) ....
der Morgenurin (Sg.) ....
schaumig ....
das Stuhlprobenröhrchen, – ....
....
der Urinbecher, – ....
der Transport, -e ....
transportieren, hat transportiert ....
....
trüb ....
verwerfen, hat verworfen ....

22 Blutabnahme

1 Eine Krankenschwester beschreibt die Blutabnahme – Verbinden Sie.

1 In der Armbeuge 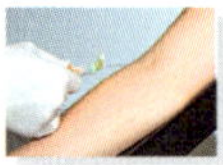

2 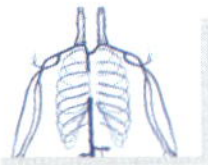 Aus der Vene

3 Dazu lege ich einen Stauschlauch 

4 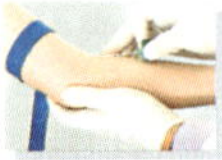 Die Einstichstelle

5 Dann punktiere ich mit der Kanüle 

6  Im Blutentnahmeröhrchen

7 Dann drücke ich den Tupfer 

8 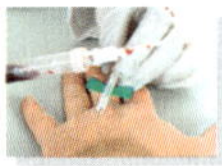 Aus dem Handrücken

A desinfiziere ich.

B wird das Blut abgenommen.

C wird das Blut aufgefangen.

D auf die Einstichstelle und ziehe die Kanüle heraus.

E suche ich eine Vene.

F am Oberarm an.

G die Vene.

H Blut abzunehmen kann schmerzhaft sein.

2 Aus einem Patientengespräch – Ergänzen Sie.

Blutbild | Blutkörperchen | Blutplättchen | Blutzellen | Farbstoff | großes | Röhrchen | weißen

Wir schicken das ……………………[1] mit Ihrem Blut jetzt ins Labor. Letztes Mal wurde nur ein kleines ……………………[2] gemacht, d. h. die Anzahl der roten und ……………………[3] Blutkörperchen ist gemessen worden. Dabei wurde zusätzlich untersucht, wie viel Hämoglobin, also roter ……………………[4], in den roten Blutkörperchen ist und wie viele ……………………[5] in einer bestimmten Menge Plasma sind. Diesen Wert nennt man Hämatokrit. Er sagt aus, wie das Verhältnis von festen und flüssigen Bestandteilen in Ihrem Blut ist. In Ihrem Fall ist die Zahl der ……………………[6] besonders wichtig, weil Ihre Gerinnung nicht gut ist, also weil sich die Wunde schlecht schließt, wenn Sie bluten. Dieses Mal machen wir ein ……………………[7] Blutbild, das heißt, es wird zusätzlich ein Differenzialblutbild gemacht. Dabei werden die weißen ……………………[8] qualitativ und quantitativ genauer untersucht.

3 Lösen Sie das Rätsel und finden Sie das Lösungswort.

1 Sie bewirken, dass sich die Wunde verschließt.
2 Sie schwimmen im Plasma.
3 Er wird vor der Blutabnahme um den Oberarm gelegt.
4 Es gibt rote und weiße.
5 Damit kann man das Blut von der Haut abwischen.
6 Sie wird in die Vene gestochen.
7 Hier ist die Blutabnahme weniger schmerzhaft.
8 Der Punkt, an dem die Haut durchstochen wird.

9 Roter Blutfarbstoff
10 Hier ist die Blutabnahme häufig schmerzhafter.

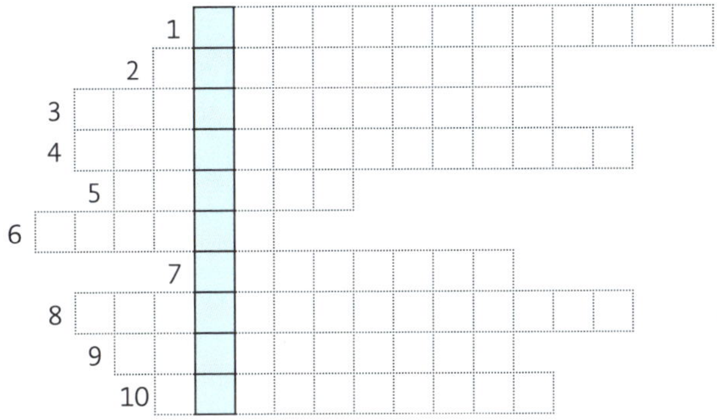

Lösung: Das ....
ist eine gelbliche Flüssigkeit aus Wasser, Eiweißen und Salzen.

4 Finden Sie die Wörter und ergänzen Sie.

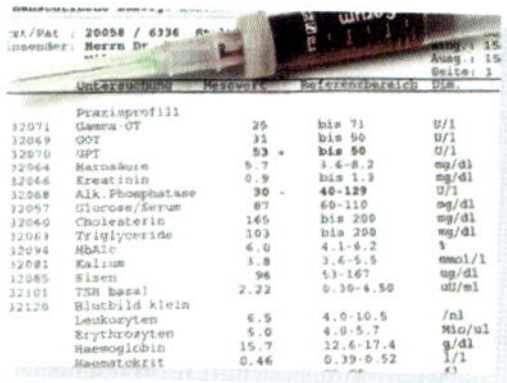

SDBLUTGERINNUNGGZFCDDIFFERENZIALBLUTBILDT

DHÄMATOKRITLKBGJVENEASDGGARMBEUGE

1 Wenn der Patient wenig getrunken hat, findet man in der .... manchmal keine ....
2 Zur .... sind die Blutplättchen notwendig.
3 Für das .... werden die weißen Blutkörperchen untersucht.
4 Der .... sagt etwas über das Verhältnis von festen und flüssigen Blutbestandteilen aus.

5 Welche Blutwerte kennen Sie? Was bedeuten sie? Notieren Sie.

Lernwortschatz

die Armbeuge, -n ....
das große/kleine Blutbild, -er ....
das Blutentnahmeröhrchen, – ....
die Blutgerinnung (Sg.) ....
das Blutkörperchen, – ....
das rote Blutkörperchen/der Erythrozyt, -en ....
....
das weiße Blutkörperchen/der Leukozyt, -en ....
....
das Blutplasma (Sg.) ....
das Blutplättchen, –/der Thrombozyt, -en ....
....
die Blutzelle, -n ....

das Differenzialblutbild (Sg.) ....
die Einstichstelle, -n ....
entnehmen, hat entnommen ....
....
der Blutfarbstoff (Sg.)/das Hämoglobin (Sg.) ....
....
der Hämatokrit (Sg.) ....
der Handrücken, – ....
die Kanüle, -n ....
der Stauschlauch, ¨-e ....
stechen, hat gestochen ....
der Tupfer, – ....
die Vene, -n ....

23 Patienten waschen

1 Verbinden Sie.

1 der Einmalwaschlappen

2 das Handtuch

3 der Sichtschutz

4 die Seife

5 die Waschschüssel

2 Ergänzen Sie Wörter aus 1.

◆ Was brauche ich, wenn ich einen bettlägerigen Patienten waschen möchte?

○ Zuerst füllst du zwei ____________ [1] mit warmem Wasser. Dann legst du die Waschutensilien bereit, also ____________ [2], zwei normale Waschlappen, zwei Handtücher und ____________ [3] oder eine Waschlotion. Besucher bittest du, kurz rauszugehen. Wenn andere Patienten im Zimmer sind, stellst du einen ____________ [4] auf.

3 Ergänzen Sie.

Einmalwaschlappen | feilen | Ganzkörperwaschung | Genitalbereich | Handtuch | Seife

◆ Und worauf muss ich bei der ____________ [1] achten?

○ Achte darauf, dass du den Patienten immer mit der Bettdecke zudeckst, damit ihm nicht kalt wird. Das Gesicht wäschst du ohne ____________ [2]. Unter den Körperteil, den du gerade wäschst, musst du immer ein ____________ [3] unterlegen. Und du musst jeden gewaschenen Körperteil gleich abtrocknen. Dann ziehst du die Handschuhe an und wäschst den ____________ [4] und das Gesäß mit einem ____________ [5].

◆ Wofür benutze ich den Einmalwaschlappen?

○ Für den Po und zwischen den Beinen. Am Ende kannst du dem Patienten noch die Nägel schneiden und ____________ [6].

4 Ergänzen Sie ein Verb aus 2 oder 3.

1 einen Sichtschutz ____________
2 zur Vorbereitung die Waschutensilien ____________
3 den Patienten mit der Bettdecke ____________
4 ein Handtuch unter den Körperteil ____________
5 den Körperteil nach dem Waschen ____________

5 Ordnen Sie zu.

die Nagelfeile   die Nagelschere   der Rasierer   der Rasierschaum   die Zahnbürste   der Zahnputzbecher

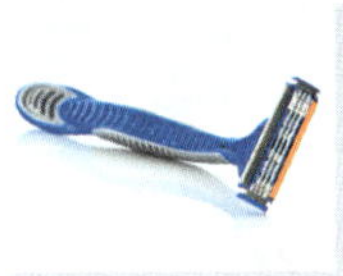

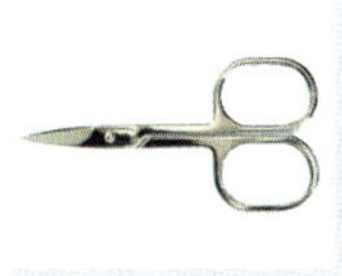

1 __________ 2 __________ 3 __________ 4 __________ 5 __________ 6 __________

6 Finden Sie die Wörter und ergänzen Sie.

LKSDFGESÄẞLSDHFÜLLENLKSHOWASCHUTENSILIENLKSDFNAGELFEILELKJSDF
RASIERSCHAUMLKSDFZAHNPUTZBECHERKJSDFGENITALIENHBGWASCHLOTIONRWE

1 Könnten Sie mir die Nägel feilen? Die __________ liegt auf meinem Nachttisch.
2 Ich hole die __________ für die Ganzkörperwaschung.
3 Den Rasierer habe ich gefunden, aber wo ist der __________?
4 Ich benutze zum Zähneputzen keinen __________, sondern fließendes Wasser.
5 Würdest du die Waschschüsseln bitte mit warmem Wasser __________?
6 Ein anderes Wort für __________ ist Po.
7 Die __________ wäscht man mit einem Einmalwaschlappen.
8 Statt Seife benutzen wir eine __________.

7 Wie führen Sie eine Ganzkörperwaschung durch? Notieren Sie in der Ich-Form.

Lernwortschatz

abtrocknen, hat abgetrocknet __________
____
bereitlegen, hat bereitgelegt __________
der Einmalwaschlappen, – __________
feilen, hat gefeilt __________
füllen, hat gefüllt __________
die Ganzkörperwaschung, -en __________
____
das Gesäß (Sg.) __________
der Genitalbereich (Sg.) __________
das Handtuch, ¨-er __________
die Nagelfeile, -n __________
die Nagelschere, -n __________
der Rasierer, – __________
der Rasierschaum (Sg.) __________
die Seife, -n __________
der Sichtschutz (Sg.) __________
unterlegen, hat untergelegt __________
die Waschlotion, -en __________
die Waschschüssel, -n __________
Waschutensilien (Pl.) __________
die Zahnbürste, -n __________
der Zahnputzbecher, – __________
zudecken, hat zugedeckt __________

24 Stürze

1 Ergänzen Sie in der passenden Form.

stolpern

fallen

ausrutschen

bewusstlos

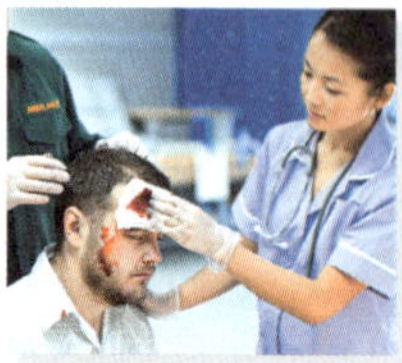
Platzwunde

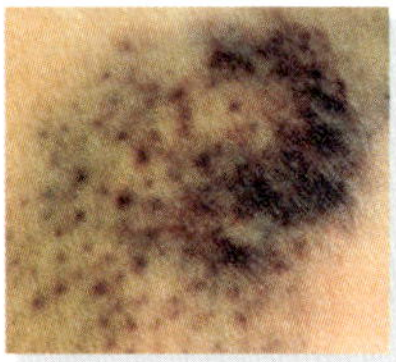
Bluterguss

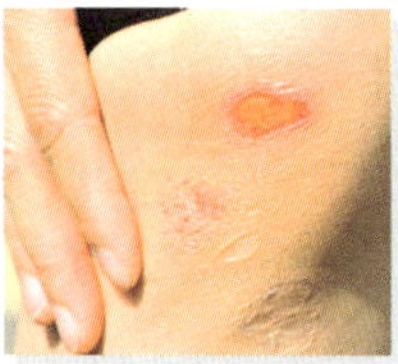
Schürfwunde

Rettungsdienst

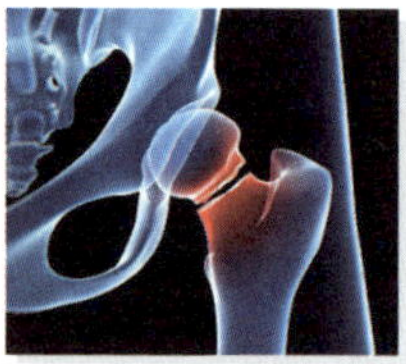
Fraktur

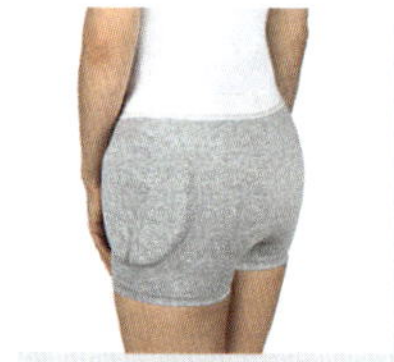
Hüftprotektor

1 Sie ist auf dem Eis ________________ und hat einen großen ________________ am rechten Oberschenkel.
2 Er ist von der Leiter ________________ und hat sich das Bein gebrochen. Auf dem Röntgenbild kann man die ________________ genau sehen.
3 Er ist über eine Kiste auf dem Boden ________________ und mit dem Kopf gegen die Wand gestoßen. Nun hat er eine ________________ am Kopf.
4 Eine Frau lag ________________ auf der Straße. Wir haben sofort 112 gewählt und den ________________ gerufen. Nach fünf Minuten war der Notarzt da.
5 Der Sturz war nicht so schlimm, weil sie einen ________________ getragen hat. Nur am Arm hat sie eine ________________ von der rauen Wand.

2 Im Patientengespräch – Hören und ergänzen Sie.

Schnürsenkel

◆ Guten Tag, Frau Sommer. Ich würde gern das ________________ [1] mit Ihnen ausfüllen. Sie sind vorgestern gestürzt, nicht wahr?

○ Ja, am Nachmittag. Ich bin über meine Schnürsenkel ________________ [2]. Es ist so schwierig für mich, meine Schuhe alleine zu binden.

◆ Haben Sie Verletzungen davongetragen?

○ Ja, ich habe blaue Flecken am Bein und am Unterarm. Und ich habe mir den Ellenbogen ________________ [3].

◆ Also ________________ [4] am linken Oberschenkel und am linken Unterarm. Und eine ________________ [5] am Ellenbogen. Einen ________________ [6] haben Sie nicht, oder?

○ Nein, ich hatte zum Glück meinen ________________ [7] an. Ich habe doch immer so Angst vor einem ________________ [8], wenn ich mal stürze.

◆ Gut, dass Sie so vorsichtig sind. Seien Sie das bitte in Zukunft auch beim Schuhezubinden. Sie sollten sich immer Zeit nehmen und sich dazu ________________ [9]. Oder Sie tragen Schuhe ohne ________________ [10].

3 Welche Wörter haben die gleiche Bedeutung? Verbinden Sie.

1 112 anrufen	A die Fraktur
2 fallen	B den Notarzt rufen
3 das Hämatom	C die Schnürsenkel
4 der Knochenbruch	D stürzen
5 die Schuhbänder	E ausrutschen
6 eine Schürfwunde davontragen	F der Bluterguss
7 auf Eis oder glattem Boden stürzen	G sich etwas aufschürfen

4 Ergänzen Sie.

Blutergüsse | Hüftprotektor | Oberschenkelhalsbruch | Platzwunde | Rettungsdienst | Sturzprotokoll

◆ Herr Keppler sagt, er sei gestürzt. Er hat einen .... [1]. Wie ist das passiert?

○ Im .... [2] steht, dass er bewusstlos auf dem Gehweg lag. Der .... [3] konnte auch nicht mehr dazu sagen.

◆ Hat er noch weitere Verletzungen?

○ Ja, er hat eine .... [4] am rechten Knie und mehrere kleinere .... [5].

◆ Wenn er seinen .... [6] getragen hätte, wäre nicht so viel passiert. Damit hätte er die Fraktur bestimmt verhindern können.

5 Sie möchten ein Sturzprotokoll aufnehmen. Notieren Sie Fragen.

Lernwortschatz

aufschürfen, hat aufgeschürft ....

ausrutschen, ist ausgerutscht ....

bewusstlos ....

der Bluterguss, ¨-e / das Hämatom, -e ....

fallen, ist gefallen ....

sich hinsetzen, hat sich hingesetzt ....

der Hüftprotektor, -en ....

der Knochenbruch, ¨-e / die Fraktur, -en ....

der Notarzt, ¨-e / die Notärztin, -nen: den Notarzt rufen ....

der Oberschenkelhalsbruch, ¨-e ....

die Platzwunde, -n ....

der Rettungsdienst, -e ....

der Schnürsenkel, – ....

die Schürfwunde, -n ....

stolpern, ist gestolpert ....

stürzen, ist gestürzt ....

das Sturzprotokoll, -e ....

25 Bandscheibenprobleme

1 Der Aufbau der Wirbelsäule. Ergänzen Sie in der passenden Form.

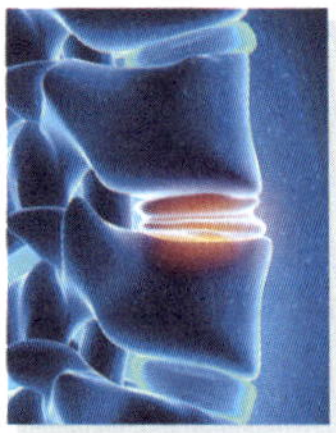	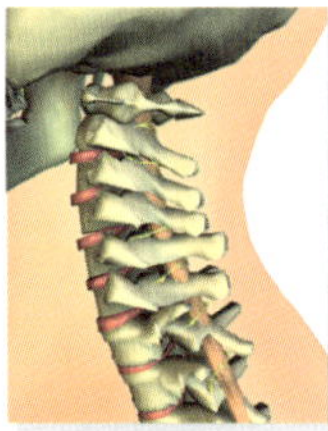	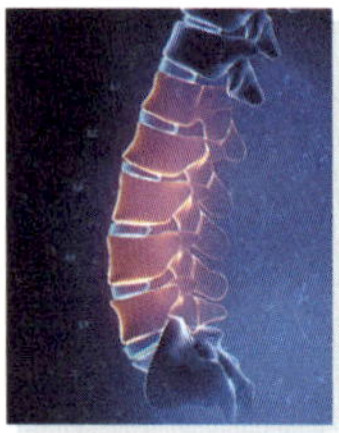	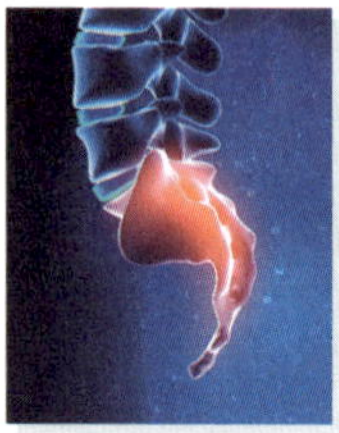	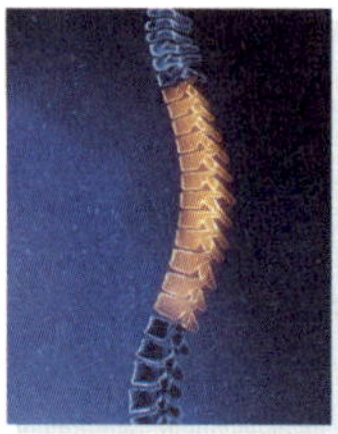	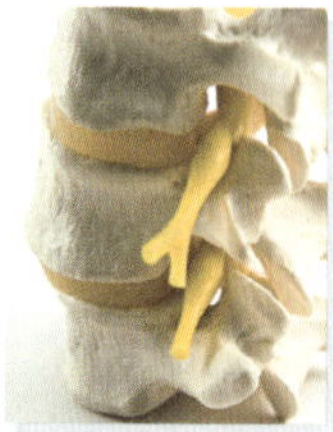
Bandscheibe	Halswirbelsäule	Lendenwirbelsäule	Kreuzbein	Brustwirbelsäule	Wirbelgelenk

Die Wirbelsäule besteht aus 24 freien Wirbelkörpern. Dazwischen liegen die .... [1]. Die Wirbelkörper sind über die .... [2] verbunden, die Bewegungen ermöglichen. Die obersten sieben Wirbel bilden die .... [3]. Es folgen die .... [4], dann die .... [5], das .... [6] und schließlich das Steißbein.

2 Ein Bandscheibenvorfall. Hören und ergänzen Sie.

Beim Umzug wollte ich einen Karton hochheben, da habe ich einen stechenden .... [1] im unteren Rücken gespürt. Ich konnte nicht mehr gehen und kaum stehen und meine Beine nicht mehr .... [2]. Sie haben sich ganz .... [3] angefühlt. Das Taubheitsgefühl ist auch nach mehreren Minuten nicht weniger geworden. Da hat meine Frau den Rettungsdienst gerufen. Im Krankenhaus wurde ein .... [4] festgestellt. Nun muss ich jede Woche zur .... [5] gehen und auch zu Hause Übungen für meine .... [6] machen. Das ist Teil meiner .... [7].

3 Nach der Operation. Markieren Sie im Text und verbinden Sie.

Eine Bandscheibenoperation verläuft meistens ohne Komplikationen. Danach muss man sich rückenschonend bewegen. Zum Beispiel darf man nicht sitzen und sich auch nicht nach vorne beugen. Es ist besser, sich zu strecken und den Rücken gerade zu halten. Außerdem darf man den Oberkörper nicht nach links und rechts drehen. Auf keinen Fall sollte man schwer heben. Und man darf natürlich nichts auf dem Rücken tragen. Vielen Patienten hilft ein Lagerungswürfel. Man legt sich auf den Rücken und lagert die Unterschenkel auf dem Würfel. Hüfte und Knie sind dabei im 90-Grad-Winkel gebeugt. Das nennt man Stufenlagerung.

4 Ergänzen Sie und finden Sie das Lösungswort.

1 Ein Mensch hat normalerweise 24 freie ____________.
2 Bei der Stufenlagerung bilden Ober- und Unterschenkel einen 90-Grad-______.
3 Er konnte seine Beine nicht mehr ______.
4 Bei einem Bandscheibenvorfall kann man in den Beinen ein ________sgefühl haben.
5 Mit einem ________________ kann man die Wirbelsäule entlasten.

6 Die Operation ist gut ________.
7 Um den Rücken zu schonen, soll man den Körper nicht nach vorne ______.
8 Bewegungen, die den Rücken nicht belasten, sind ______________.
9 Bei der Operation es gab keine ______________.
10 Das ________ ist der unterste Teil der Wirbelsäule.
11 Über dem Kreuzbein sind die ____________.
12 Der Patient kann nicht zur Arbeit gehen. Der Arzt muss ihn ______________.

Lösung: Im ____________ kann der Wirbel bewegt werden.

5 Wie sollte sich ein Bandscheibenpatient nach der OP verhalten? Was wissen Sie über Anschlussheilbehandlungen und Krankengymnastik? Notieren Sie.

Lernwortschatz

die Anschlussheilbehandlung, -en (AHB)
die Bandscheibe, -n
der Bandscheibenvorfall, ¨-e
sich beugen, hat sich gebeugt
die Brustwirbelsäule, -n
sich drehen, hat sich gedreht
die Halswirbelsäule, -n
heben, hat gehoben
der Lagerungswürfel, –/der Entlastungswürfel, –
die Lendenwirbelsäule, -n
die Komplikation, -en
die Krankengymnastik (Sg.)
krankschreiben, hat krankgeschrieben
das Kreuzbein, -e
rückenschonend
spüren, hat gespürt
das Steißbein, -e
sich strecken, hat sich gestreckt
das Taubheitsgefühl, -e
tragen, hat getragen
verlaufen, ist verlaufen
der (90-Grad-)Winkel, –
das Wirbelgelenk, -e
der Wirbel(-körper), –
die Wirbelsäule, -n

26 Thrombosen

Eine Thrombose ist ein Blutgerinsel, also ein festes Gebilde im Blut, das ein Blutgefäß (Vene oder Arterie) verschließt.

1 Risikofaktoren für eine Thrombose – Welche Bilder passen? Notieren Sie die Buchstaben.

1 ____ Lähmungen

2 ____ Orale Kontrazeption/Anti-Baby-Pille

3 ____ Varizen/Krampfadern, meist in den Beinen

4 ____ Gehgips am Fuß

5 ____ Schwangerschaft

6 ____ Immobilität, Bettlägerigkeit

7 ____ Wochenbett, nach der Entbindung

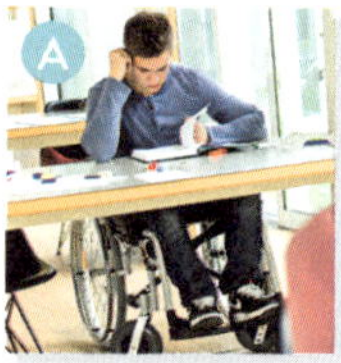

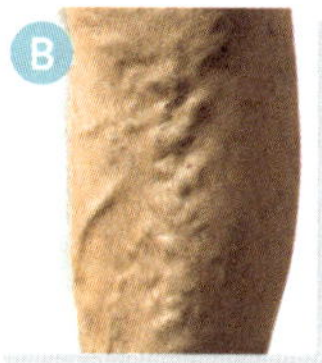

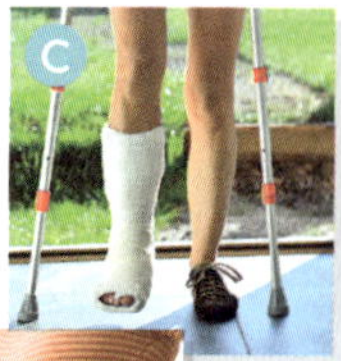

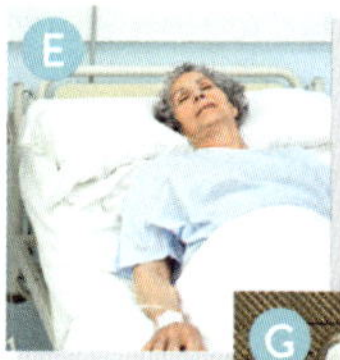

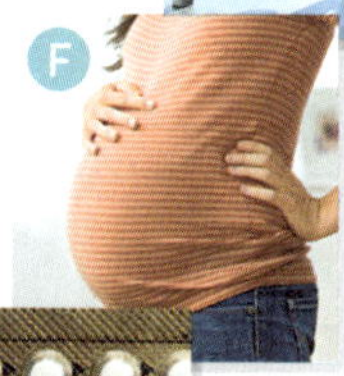

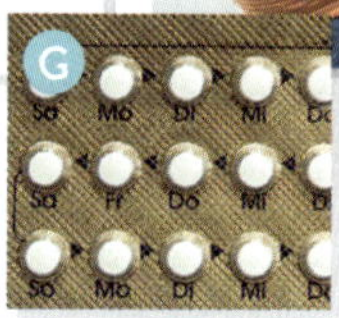

2 Weitere Risikofaktoren. Ergänzen Sie.

Blutgerinsel | Gehgips | Herzinsuffizienz | Herzmuskels | Liegegips | periphere Arterielle Verschlusskrankheit (pAVK)

1 Durch einen ____________ ist der Patient noch thrombosegefährdeter als durch einen ____________, weil er dadurch praktisch immobil ist.

2 ____________ bedeutet, dass Blutgefäße in den Armen oder vor allem in den Beinen verengt oder verschlossen sind.

3 Bei einer ____________ ist das Herz nicht in der Lage, das Blut ausreichend durch den Körper zu pumpen.

4 Bei einem Herzinfarkt wird ein Teil des ____________ nicht mehr durchblutet. Die Ursache kann ein ____________ in den Herzkranzgefäßen sein.

3 Ergänzen Sie.

1 Krampfadern weisen darauf hin, dass das Bindegewebe der [ßäfegeBult] ____________ nicht sehr stark ist.

2 Auch die [tinA-byaB-lileP] ____________ kann ein Risikofaktor sein.

3 Während der [regnwaSchschtaf] ____________ und nach der [dinbugnEtn] ____________ sind Frauen ebenfalls thrombosegefährdeter.

4 Ein [gigepseiL] ____________ oder eine schwere Lähmung erhöhen das Thromboserisiko, weil der Patient dadurch [mibolim] ____________ wird.

4 a Was tun bei Thromboserisiko? Hören und ergänzen Sie.

1 Der Arzt hat Ihnen einen .... verschrieben. Er verhindert, dass sich Blutgerinsel bilden. Sie müssen das nehmen, weil Sie durch die .... ein erhöhtes Thromboserisiko haben.

2 Im Wochenbett sind Sie .... Deshalb tragen Sie bitte ....

3 Wir können heute den .... abnehmen. Sie müssen das Bein jetzt sehr gut trainieren. Die .... ist wichtig, damit sich keine .... bilden kann.

4 Bei der Patientin kommen noch die Risikofaktoren .... und orale .... dazu.

5 Sie hatten schon einmal einen .... und es besteht der Verdacht auf .... Damit Sie keine Thrombose bekommen, bekommen Sie .... Das verzögert die Blutgerinnung.

b Beschriften Sie die Fotos.

band bi Ge hem Kom Kom li nungs mer Mo pres pres rin sa sions sions strumpf tion ver

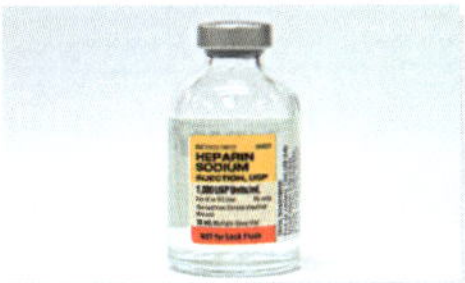

1 .... 2 .... 3 .... 4 ....

5 Erklären Sie einem Patienten, warum er Gerinnungshemmer nehmen muss und welche Rolle die Mobilisation nach der Operation spielt. Notieren Sie.

Lernwortschatz

die Anti-Baby-Pille, -n ....

das Blutgefäß, -e ....

das Blutgerinsel, – ....

die Entbindung, -en ....

der Gerinnungshemmer, –/das Heparin (Sg.) ....

der Gips(verband) (Sg.)/der Gehgips (Sg.)/der Liegegips (Sg.) ....

der Herzinfarkt, -e ....

die Herzinsuffizienz (Sg.) ....

der Herzmuskel, -n ....

immobil ....

der Kompressionsstrumpf, ¨-e ....

der Kompressionsverband, ¨-e ....

die orale Kontrazeption (Sg.) ....

die Krampfader, -n/die Varize, -n ....

die Mobilisation (Sg.) ....

die Lähmung, -en ....

die periphere Arterielle Verschlusskrankheit (Sg.) ....

die Schwangerschaft, -en ....

die Thrombose, -n ....

thrombosegefährdet ....

das Wochenbett (Sg.) ....

27 Hilfsmittel

1 Sortieren Sie. Notieren Sie auch die Artikel.

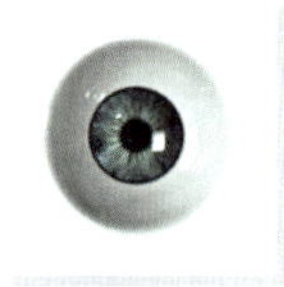
~~Glasauge~~

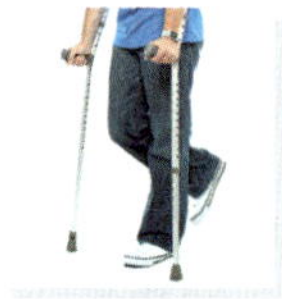
Gehstütze

Brille

Lupe

Rollator

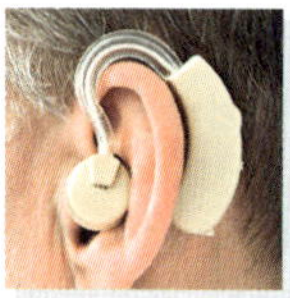
Hörgerät

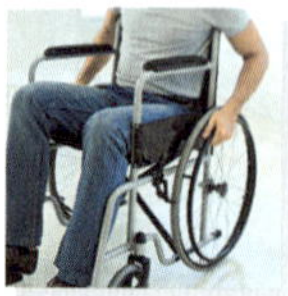
Rollstuhl

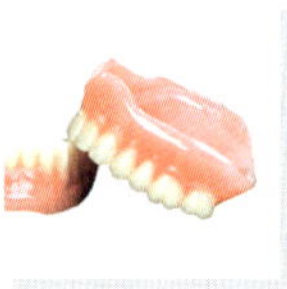
Zahnprothese

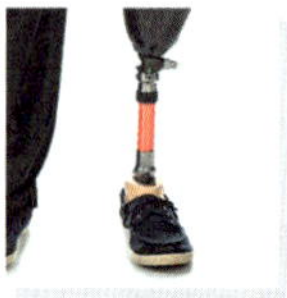
Beinprothese

Gehstock

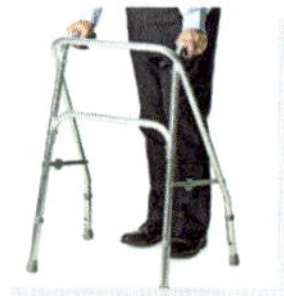
Gehbock

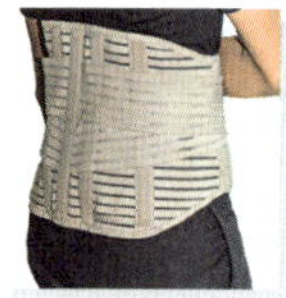
Orthese

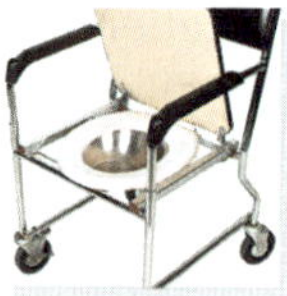
Toilettenstuhl

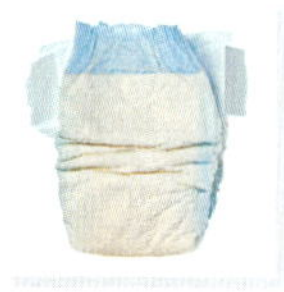
(Inkontinenz-) Vorlage

Gehhilfen	**Hilfsmittel bei Sehbehinderung und Schwerhörigkeit**	**Prothesen**	**andere Hilfsmittel**
		das Glasauge	

2 Ergänzen Sie und finden Sie das Lösungswort.

1 Ein _ _ _ _ _ _ _ kann nicht wegrutschen, darum ist er für Patienten mit starken Gleichgewichtsproblemen und erhöhtem Sturzrisiko geeignet.
2 Wenn Patienten unter Harninkontinenz leiden, tragen sie eine _ _ _ _ _ _ _.
3 Ältere Menschen benötigen oft _ _ _ _ _ _ _ _ _ _ _ wie Rollatoren, Hörgeräte oder Zahnprothesen.
4 Eine Augenprothese nennt man auch _ _ _ _ _ _ _ _.
5 Patienten, die nicht alleine bis zur Toilette gehen können, benutzen häufig einen _ _ _ _ _ _ _ _ _ _ _ _ _ _.
6 Eine _ _ _ _ _ _ _ stützt den Körper von außen.

Lösungswort: Die häufigste Art der Sehhilfe ist die _ _ _ _ _ _.

3 Informationen für Patienten und Angehörige – Ergänzen Sie.

Angehörige | Gleichgewicht | Orientierungslichter | Seh- oder Gehhilfen | Sturzprophylaxe | Sturzrisiko

In unserem Pflegeheim spielt die ____________________[1] eine wichtige Rolle. Viele unserer Patienten leiden unter körperlichen Einschränkungen oder Demenz und haben deshalb ein erhöhtes ____________________[2]. Darum achten wir darauf, dass jeder Patient passende Hilfsmittel wie ____________________[3] erhält und diese auch nutzt. Nachts brennen in allen Zimmern und Gängen ____________[4], damit sich die Patienten selbstständig zurechtfinden können. Außerdem erlernen unsere Patienten Übungen, die ____________[5] und Beweglichkeit schulen. Sie als ____________[6] können hier einen wichtigen Beitrag leisten, wenn Sie die Patienten bei diesen Übungen unterstützen und sie zusammen mit ihnen durchführen.

4 Welche Wörter haben eine ähnliche Bedeutung? Verbinden Sie.

1 Gleichgewicht
2 Angehörige
3 Prophylaxe
4 Demenz

A Familie und gute Freunde
B Vorbeugung
C Gehirnkrankheit, z. B. Alzheimer
D Balance

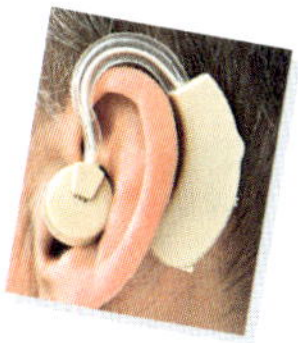

5 Hören und ergänzen Sie.

1 Könnten Sie lauter sprechen? Ich bin ein wenig ____________.
2 Mein ____________ ist erhöht, weil ich Probleme mit dem Gleichgewicht habe.
3 Ich vergesse viele Dinge und kann mich manchmal schlecht orientieren, weil ich unter ____________ leide.
4 Bei längeren Spaziergängen benötige ich einen Gehstock. Sonst habe ich keine körperlichen ____________.
5 Ich habe Angst zu stürzen, darum ist ____________ für mich ein wichtiges Thema.

6 Sie erklären einem Angehörigen, welche Hilfsmittel ein Patient benötigt und welche Übungen er zur Sturzprophylaxe machen soll. Notieren Sie.

Lernwortschatz

der/die Angehörige, -n ____________
die Brille, -n ____________
die Demenz, -en ____________
die Einschränkung, -en ____________
erhöht ____________
der Gehbock, ¨-e ____________
die Gehhilfe, -n ____________
der Gehstock, ¨-e ____________
die Gehstütze, -n ____________
das Gleichgewicht (Sg.) ____________
das Glasauge, -n/die Augenprothese, -n ____________
das Hilfsmittel, – ____________
das Hörgerät, -e ____________
die Lupe, -n ____________
das Orientierungslicht, -er ____________
die Orthese, -n ____________
die Prophylaxe, -n ____________
die Prothese, -n ____________
der Rollator, -en ____________
der Rollstuhl, ¨-e ____________
schwerhörig ____________
die Sehhilfe, -n ____________
das Sturzrisiko, Sturzrisiken ____________
der Toilettenstuhl, ¨-e ____________
die (Inkontinenz-)Vorlage, -n ____________

28 Demenz

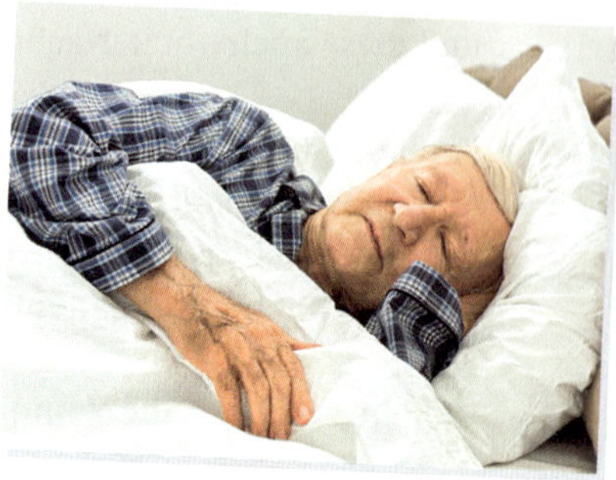

1 Verbinden Sie.

1 Wort
2 Schlaf-
3 Kurz
4 Ein- und

Wach-
Durch
findungs
zeit

schlafstörungen
Rhythmus
gedächtnis
störungen

2 Anzeichen für Demenz – Ergänzen Sie 5 Wörter (!) aus 1.

1 Die Patientin kann sich schlecht an Dinge erinnern, die vor kurzem passiert sind.
Sie hat Probleme mit dem …………………………………….
2 Der Patient ist nachts wach und schläft tagsüber.
Sein …………………………………… ist gestört.
3 Die Patientin möchte etwas sagen, aber die Wörter fallen ihr nicht ein.
Sie hat …………………………………….
4 Der Patient liegt abends lange wach. Er hat eine …………………………………….
5 Der Patient wacht in der Nacht immer wieder auf.
Er hat eine …………………………………….

3 Lesen Sie. Ergänzen Sie dann die markierten Wörter in der passenden Form.

Meine Oma ist an Demenz erkrankt. Sie ist häufig örtlich und zeitlich desorientiert. Das heißt, sie weiß nicht, welche Uhrzeit oder welches Jahr wir haben, und sie findet sich in ihrem eigenen Haus nicht mehr zurecht. Sie ist ganz verwirrt und kann gar nicht mehr klar denken. Man kann ihr dann aber schlecht helfen, denn sie schämt sich für ihre Verwirrung. Sie sucht seltsame Ausreden und reagiert gereizt auf Nachfragen. Wenn man sie dann nicht in Ruhe lässt, kann sie aggressiv werden. Manchmal schreit sie laut oder beschimpft uns mit schlimmen Wörtern, die sie früher nie benutzt hätte. An anderen Tagen ist sie ängstlich und weint. Dann muss man besonders vorsichtig mit ihr sein, sonst wird sie apathisch, sitzt nur noch da und reagiert gar nicht mehr. Wenn sie depressive Verstimmungen hat, kann ich sie manchmal trösten, indem ich sie anlächle und mit ihr im Rosengarten spazieren gehe.

1 still und teilnahmslos: ……………………………………
2 durcheinander, unklar: ……………………………………
3 ohne Zeitgefühl: ……………………………………
4 eine Begründung, die nicht der wahre Grund ist: ……………………………………
5 ärgerlich: ……………………………………
6 eine traurige Person fröhlich machen: ……………………………………
7 schlimme Wörter zu jemandem sagen: jemanden ……………………………………
8 sich orientieren können: ……………………………………
9 sehr laut sprechen: ……………………………………
10 eine apathische oder traurige Phase: ……………………………………
11 etwas peinlich finden: ……………………………………

4 Was passt nicht? Streichen Sie.

1 apathisch – fröhlich – still – depressiv
2 traurig – gereizt – aggressiv – böse
3 verwirrt – unklar – ängstlich – desorientiert
4 weinen – trösten – schreien – schimpfen

5 Was passt zusammen? Verbinden Sie.

1 Er hat Angst.
2 Er ist traurig.
3 Er ist örtlich desorientiert.
4 Er ist aggressiv.
5 Er ist apathisch.

A Er schreit vor Wut.
B Er sucht den Weg.
C Er schaut sich ängstlich um.
D Er weint.
E Er ist still und in sich gekehrt.

6 Ergänzen Sie.

Ausreden | Einschlafstörungen | Kurzzeitgedächtnis | Verstimmung | Wortfindungsstörungen

1 Der Patient zeigt immer mehr Anzeichen einer beginnenden Demenz. Sein ______ lässt ihn öfter im Stich.
2 Und wenn er etwas vergisst, mag er es nicht zugeben, sondern erfindet irgendwelche ______.
3 Hin und wieder habe ich auch schon ______ bei ihm festgestellt.
4 Er selbst klagt über ______, und ich finde, man merkt ihm auch eine allgemeine ______ an. Er ist nicht mehr so fröhlich wie früher.

7 Woran erkennen Sie eine beginnende Demenz? Notieren Sie.

Lernwortschatz

aggressiv ______
ängstlich ______
apathisch ______
die Ausrede, -n ______
beschimpfen, hat beschimpft ______
depressiv ______
(zeitlich / örtlich) desorientiert ______
______
die Durchschlafstörung, -en ______
______
die Einschlafstörung, -en ______
gereizt ______
das Kurzzeitgedächtnis (Sg.) ______

sich schämen, hat sich geschämt ______
schreien, hat geschrien ______
der Schlaf-Wach-Rhythmus (Sg.) ______
______
stören, hat gestört ______
trösten, hat getröstet ______
die Verstimmung, -en ______
verwirrt ______
weinen, hat geweint ______
die Wortfindungsstörung, -en ______
______
sich zurechtfinden, hat sich zurechtgefunden ______
______

29 Schmerzen

1 Die Schmerzqualität – Beschriften Sie die Fotos.

pulsierend | brennend | krampfartig | stechend | dumpf/drückend

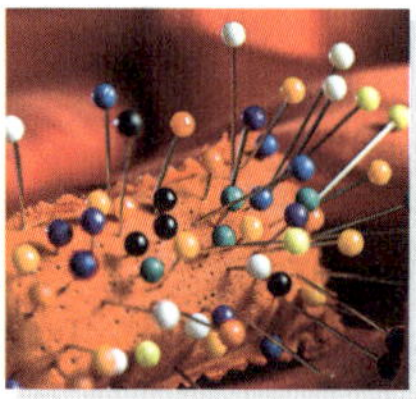
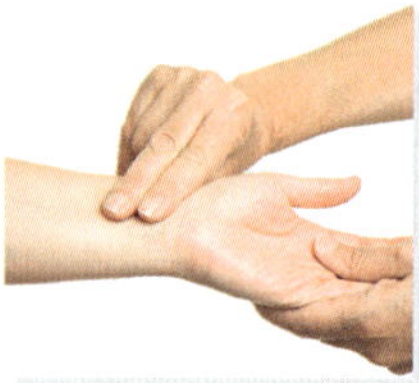
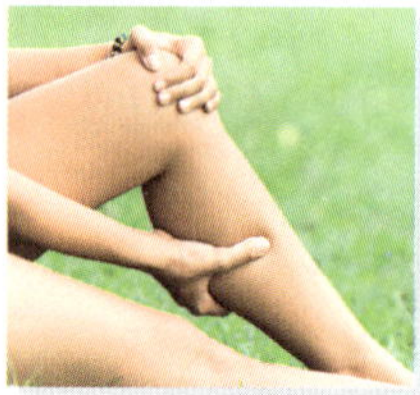
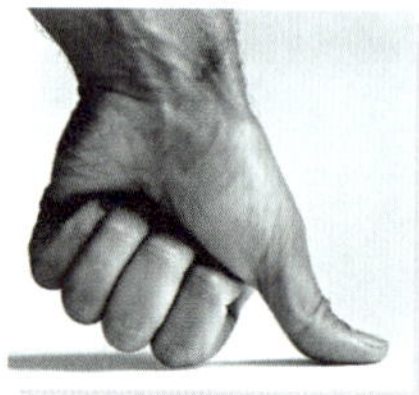

1 ______ 2 ______ 3 ______ 4 ______ 5 ______

2 Verbinden Sie.

1 Lokali	kompresse
2 Warm	sation
3 Schmerzthe	lität
4 Schmerzqua	kissen
5 Körner	rapie
6 Schmerz	stärke

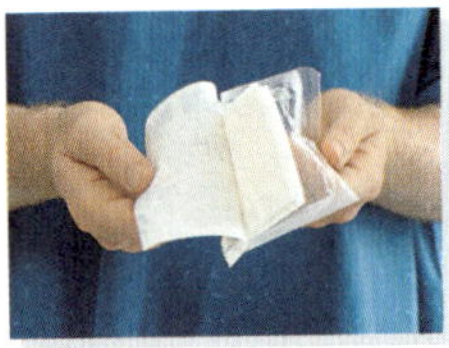

3 Ergänzen Sie.

aushalten | brennend | dumpfer | Lokalisation | pochend und pulsierend | Schmerzqualität | Schmerzstärke | Schmerztherapie | stechender | unerträglich | Warmkompresse

◆ Wo tut es Ihnen weh?
○ Ich habe starke Rückenschmerzen, besonders, wenn ich lange sitze.
◆ Bitte geben Sie eine ganz genaue ______[1] an, also zeigen Sie, wo Sie die Schmerzen haben.
○ Hier unten in der Lendenwirbelsäule, genau zwischen den zwei Wirbeln.
◆ Wie würden Sie die ______[2] beschreiben?
Eher ______[3] wie Salz in einer Wunde?
Oder ______[4] wie der Herzschlag?
○ Bei einer bestimmten Bewegung kommt zuerst ein ______[5] Schmerz. Der fühlt sich wie ein Messerstich an und strahlt bis in die Beine aus. Danach bleibt ein ______[6] Schmerz, der drückt von innen.
◆ Wie stark sind die Schmerzen?
○ Manchmal ist es ______[7], dann denke ich, ich werde verrückt. Aber normalerweise ist die ______[8] im mittleren Bereich und ich kann es ______[9].
◆ Haben Sie schon mit einer ______[10] begonnen?
○ Ich mache Entspannungsübungen, die ich bei der Physiotherapie gelernt habe. Manchmal lege ich eine ______[11] auf die schmerzende Stelle.

4 **Maßnahmen aus der Schmerztherapie – Ergänzen Sie und ordnen Sie die Bilder zu.**

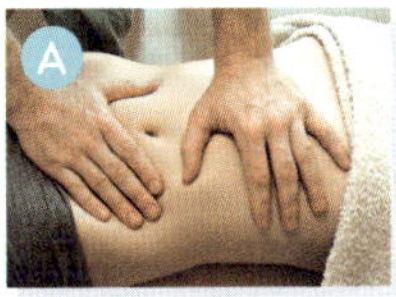

1 Wenn Sie [traigpfmarke] ………………………… Bauchschmerzen haben, wenn sich der Bauch also zusammenzieht, massieren Sie ihn. A
2 Bei leichten Kopfschmerzen tupfen Sie etwas [fffPeerlözmin] ………………………… auf die Schläfen und lüften Sie das Zimmer. ……
3 Wenn der Kopfschmerz in die Augen [saulthstra] …………………………, legen Sie einen kalten Waschlappen oder eine Kaltkompresse auf die Augen. ……
4 Wer regelmäßig Rückenschmerzen hat, sollte [ügennubntEsannpngus] ………………………… machen. ……

5 **Finden Sie die Wörter und ergänzen Sie.**

JKDTUPFEAHOSBAUSHALTENSDOIGHANFÜHLENTSDFKJZUSAMMENZIEHT
ASDFHBLKJBGUZFDMASSIERELKSJDFLÜFTESDFUKRAMPFARTIGE

1 Ich habe ………………………… Schmerzen in der Brust, die sich …………………………, als ob sich mein Herz ………………………….
2 Ich ………………………… viel, weil frische Luft gegen meine Kopfschmerzen hilft, aber trotzdem kann ich es manchmal kaum ………………………….
3 Mir hilft es oft, wenn ich Pfefferminzöl auf meine Stirn ………………………… und meine Schläfen und den Nacken ………………………….

6 **Welche Schmerzarten kennen Sie? Welche Therapiemaßnahmen können dagegen helfen? Notieren Sie.**

Lernwortschatz

sich anfühlen, hat sich angefühlt ……………………
aushalten, hat ausgehalten ……………………
ausstrahlen, hat ausgestrahlt ……………………
brennend ……………………
dumpf ……………………
die Entspannungsübung, -en ……………………
die Kompresse, -n ……………………
das Körnerkissen, – ……………………
krampfartig ……………………
die Lokalisation (Sg.) ……………………
lüften, hat gelüftet ……………………
massieren, hat massiert ……………………
das Pfefferminzöl, -e ……………………
pochend ……………………
pulsierend ……………………
die Schmerzqualität (Sg.) ……………………
die Schmerzstärke (Sg.) ……………………
die Schmerztherapie (Sg.) ……………………
stechend ……………………
tupfen, hat getupft ……………………
unerträglich ……………………
sich zusammenziehen, hat sich zusammengezogen ……………………

30 Herz: Anatomie und Diagnosen

1 **Welche Teile des Herzens kennen Sie? Beschriften Sie das Schaubild.**

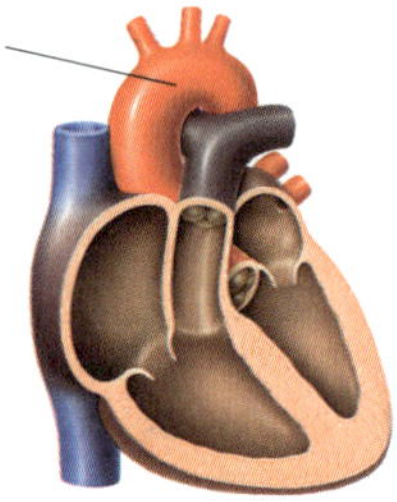

2 **Ordnen Sie die markierten Wörter den Bildern zu.**

Die Patientin klagt über Belastungsdyspnoe, besonders beim Treppensteigen. Sie hat sich zur kardialen Diagnostik in der Klinik vorgestellt. Wir haben ein Belastungs-EKG und eine Echokardiografie gemacht und dabei leichte Tachykardie, Vorhofflimmern und ein Vitium in der Mitralklappe festgestellt. Jetzt soll über ein Röntgen-Thorax abgeklärt werden, ob die Lunge gestaut ist.

Der Patient leidet an Hypercholesterinämie, hohem Blutdruck, Nikotinabusus und hat eine familiäre Vorbelastung. Zur kardiologischen Abklärung soll eine Herzkatheteruntersuchung gemacht werden.

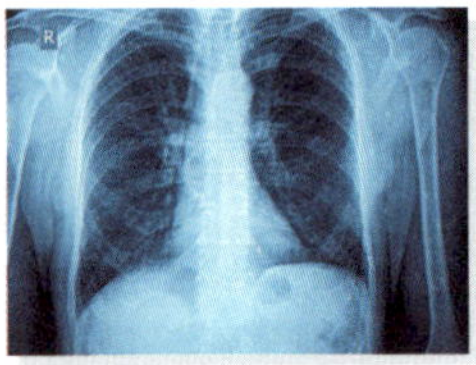

1 ……………

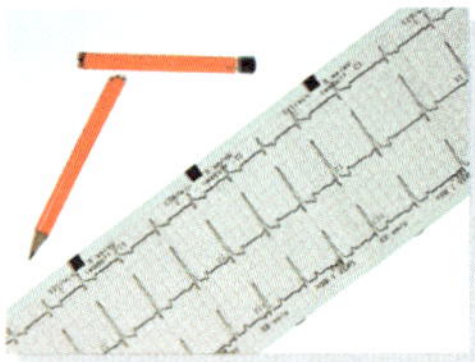

2 ……………

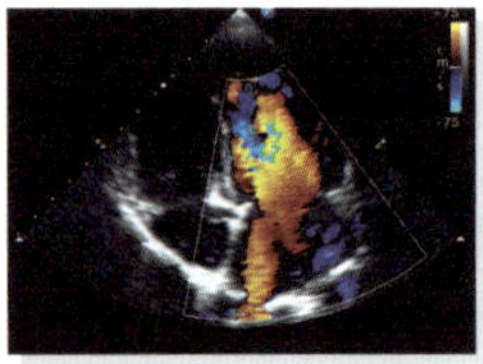

3 ……………

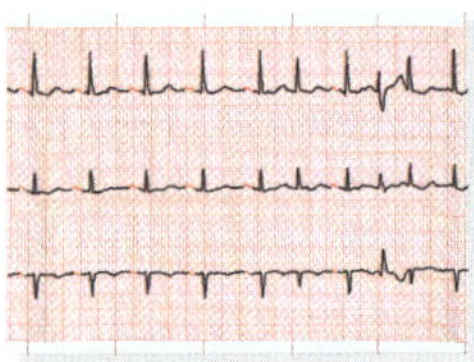

4 ……………

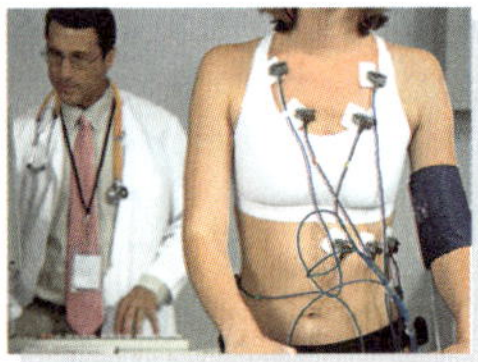

5 ……………

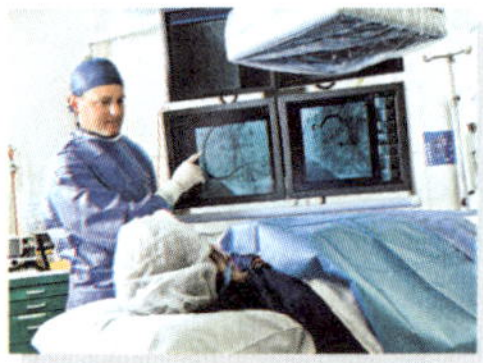

6 ……………

3 **Welche Wörter haben eine ähnliche Bedeutung? Verbinden Sie.**

1 Nikotinabusus
2 Tachykardie
3 Hypercholesterinämie
4 Vitium
5 Belastungsdyspnoe
6 kardiale Diagnostik
7 Vorhofflimmern
8 Echokardiografie

A Cholesterinspiegel über 200 mg/dl
B Atemnot bei Anstrengungen
C Tabakkonsum
D Ultraschalluntersuchung des Herzens
E Herzrhythmusstörung im Vorhof
F Herzuntersuchung
G Fehler
H Puls mit über 100 Schlägen pro Minute

4 **Finden Sie die Wörter und sortieren Sie. Notieren Sie auch die Artikel.**

KJHERZKAMMERKSDGHVITIUMSDKFRÖNTGENTHORAXKJSDHTRIKUSPIDALKLAPPE
KSDLUNGENSCHLAGADERGGDDHERZKATHETERUNTERSUCHUNGGSDFGLUNG
SCHLTACHYKARDIESTRFHYPERCHOLESTERINÄMIEGHGFDRBELASTUNGSEKGOUZSD

Teil des Herzens	Krankheit	kardiale Diagnostik

5 **Hören und ergänzen Sie.**

1 Wir werden einige ______ Untersuchungen machen.
2 Da ______ vorliegt und Lungenbeschwerden festgestellt wurden, muss dringend eine ______ in diesem Bereich erfolgen.
3 Wir haben ein Vitium in der ______ festgestellt.
4 Wegen starker ______ gab der Patient an, sich deutlich weniger zu bewegen.
5 Aufgrund einer starken ______ wurde die Ernährung umgestellt.

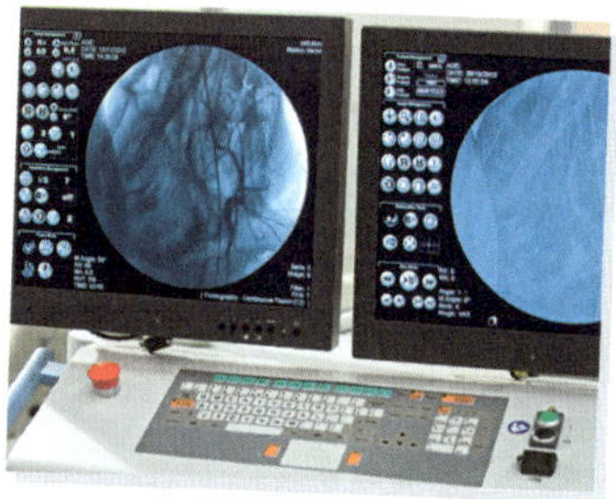

6 **Bei welchen Beschwerden sollte eine kardiologische Abklärung erfolgen? Mit welchen Maßnahmen? Notieren Sie.**

Lernwortschatz

die Abklärung, -en ______
die Aorta, Aorten ______
die Aortenklappe, -n ______
die Belastungsdyspnoe (Sg.) ______
das Belastungs-EKG (Sg.) (EKG = Elektrokardiogramm) ______
die Diagnostik, -en ______
die Echokardiografie (Sg.)/das Herzecho ______
die Herzkammer, -n ______
die Herzkatheteruntersuchung, -en ______
die Hypercholesterinämie (Sg.) ______
kardial ______
kardiologisch ______
die Lungenschlagader, -n ______
die Mitralklappe, -n ______
der Nikotinabusus (Sg.) ______
die Pulmonalklappe, -n ______
das Röntgen-Thorax (Sg.) ______
die Tachykardie (Sg.) ______
die Trikuspidalklappe, -n ______
der Sinusknoten (Sg.) ______
das Vitium, Vitien ______
der Vorhof, ¨-e ______
das Vorhofflimmern (Sg.) ______

31 Herz-Kreislauf-Stillstand

1 Sortieren Sie. Zwei Wörter bleiben übrig.

Absauggerät mit Absaugkatheter

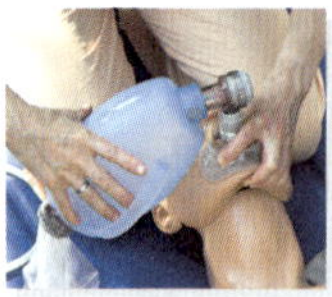
Beatmungsbeutel mit Maske

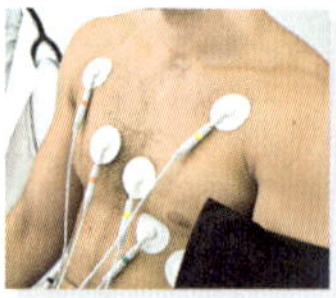
Elektrode

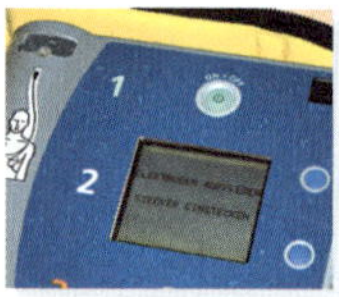
Defibrillator

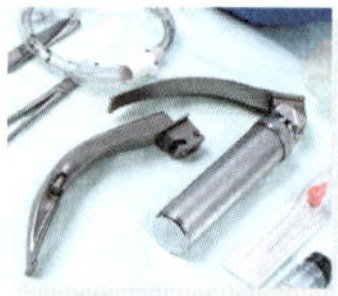
Intubationsbesteck

(Endotracheal-) Tubus

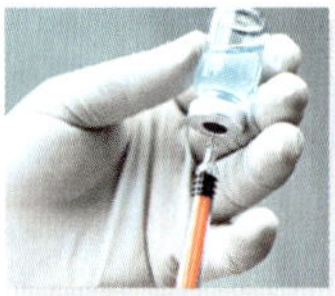
(Stech-)Ampulle

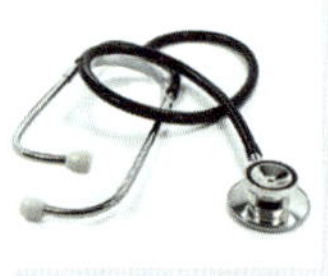
Stethoskop

Reanimationsbrett

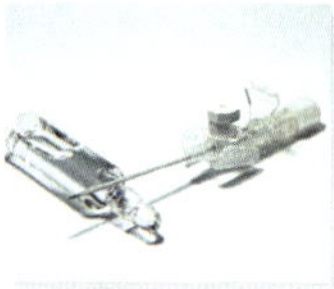
Venenverweilkanüle

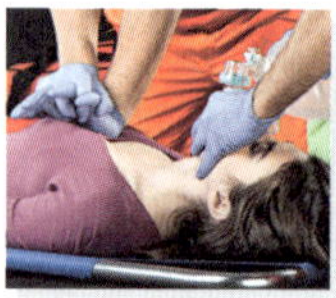
Herzdruckmassage

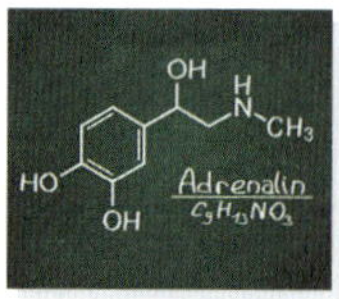

Adrenalin

Utensilien für die Beatmung	Methoden und Utensilien für die Kreislaufaufrechterhaltung	Medikamente und Utensilien für die Medikation

2 Wie gehen die Sätze weiter? Verbinden Sie.

1 Wenn ein Patient keinen Herzschlag hat,
2 Das Adrenalin
3 Wenn das Herz flimmert oder flattert,
4 Der Patient wird mit Beatmungsbeutel und Maske
5 Zur längeren Beatmung

A muss defibrilliert werden.
B wird der Patient intubiert.
C beatmet.
D muss er reanimiert werden.
E wird aus einer Ampulle aufgezogen.

3 Ergänzen Sie.

absaugen | Defibrillieren | Herz-Kreislauf-Stillstand | Rhythmus | Schock | Venenverweilkanüle

1 Wenn ein Patient nicht ansprechbar ist, ist eine mögliche Ursache ein ______________.
2 Beim ______________ werden Elektroden auf der Brust angebracht. Dann wird ein elektrischer ______________ abgegeben.
3 Zuerst wird ein EKG abgeleitet und überprüft, ob das Herz in einem regelmäßigen ______________ schlägt.
4 Beim Intubieren muss man den Speichel mit einem Katheter ______________.
5 Das Adrenalin wird über die ______________ gegeben.

4 Lösen Sie das Rätsel und finden Sie das Lösungswort.

1 In der Nebenniere wird das Stresshormon __________ gebildet.
2 Für das EKG bringt man zuerst die __________ an der Brust an.
3 Ein Glasfläschchen für ein flüssiges Medikament nennt man __________.
4 Wenn ein Patient auf Fragen nicht reagiert, ist er nicht __________.
5 Bevor man eine Spritze gibt, muss man das Medikament __________.
6 Zur Reanimation gehört eine Herzdruck__________.
7 Mit dem Defibrillator kann man einen elektrischen Schock __________.
8 Mit dem __________ werden Lunge und Herz abgehört.
9 Das Einführen des Beatmungsschlauchs nennt man __________.
10 Dafür braucht der Arzt das __________.
11 Wenn das Herz nicht mehr schlägt, spricht man von einem Herz-Kreislauf-__________.
12 Um den Rhythmus zu überprüfen muss man ein EKG __________.
13 Einen Patienten ohne Puls und Atem muss man __________.
14 Wenn das Herz flimmert oder flattert, muss man __________.
15 Wenn der Patient nicht selbstständig atmet, muss man ihn __________.
16 Das macht man mit einer Maske und einem __________.

Lösung: Wenn man einen Patienten reanimieren muss, legt man unter seinen Rücken ein __________.

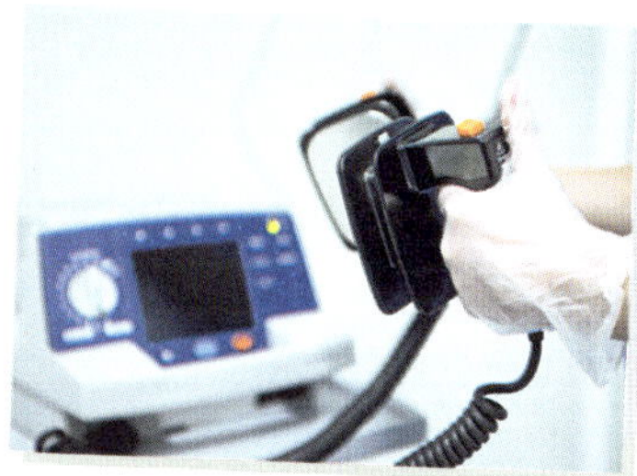

5 Ein Patient hat einen Herz-Kreislauf-Stillstand. Was tun Sie? Notieren Sie.

Lernwortschatz

absaugen, hat abgesaugt
das Absauggerät, -e
der Absaugkatheter, –
das Adrenalin (Sg.)
die Ampulle, -n
ansprechbar
aufziehen, hat aufgezogen
beatmen, hat beatmet
der Beatmungsbeutel, –
die Beatmungsmaske, -n
der Defibrillator, -en
defibrillieren, hat defibrilliert
die Elektrode, -n
ein EKG ableiten, hat abgeleitet
die Herzdruckmassage, -n
der Herz-Kreislauf-Stillstand (Sg.)
das Intubationsbesteck, -e
intubieren, hat intubiert
reanimieren, hat reanimiert
das Reanimationsbrett, -er
der (Herz-)Rhythmus, Rhythmen
einen Schock abgeben, hat abgegeben
das Stethoskop, -e
der (Endotracheal-)Tubus, Tuben
die Venenverweilkanüle, -n

32 Herzoperationen

1 Verbinden Sie.

1 Herzkranzgefäße sind Blutgefäße am Herzen.
2 Sie können Verkalkungen (Arteriosklerose) aufweisen.
3 Dann werden sie wiedereröffnet und mit Gefäßstützen (Stents) offen gehalten.
4 Wenn das nicht geht, wird operativ ein Bypass gelegt.
5 Dazu bekommt der Patient eine Vollnarkose.
6 Die Herz-Lungen-Maschine (HLM) kann Herzschlag und Atmung des Patienten übernehmen.
7 Wenn die Aortenklappe defekt ist, kann über einen Herzkatheter eine neue eingesetzt werden.
8 Mit einem Herzschrittmacher werden Patienten behandelt, deren Herz zu langsam schlägt.

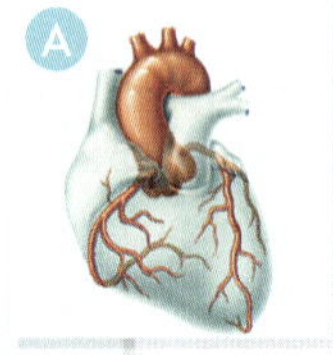

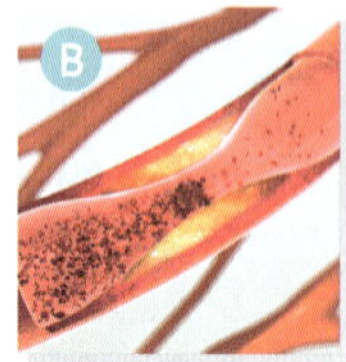

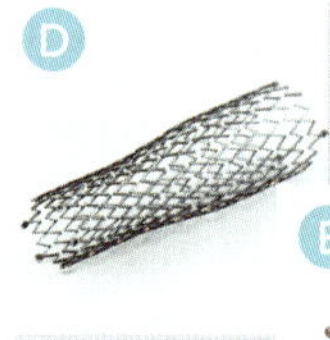

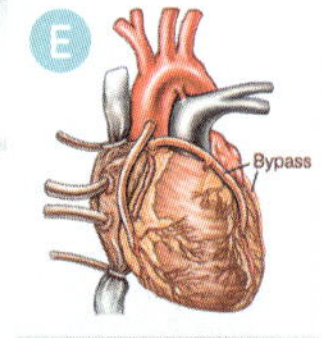

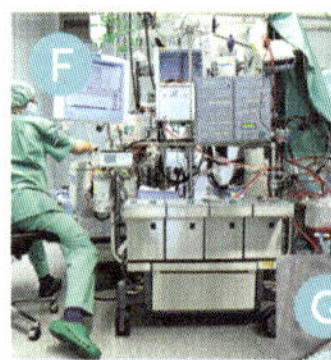

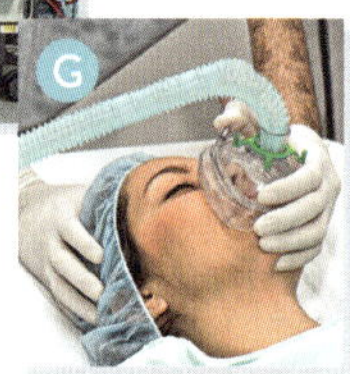

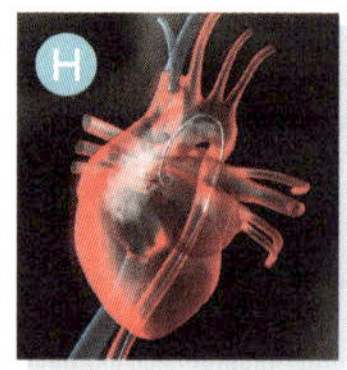

2 Ergänzen Sie Wörter aus Aufgabe 1 in der passenden Form.

1 Mit einer ………………………… kann ein Herzkranzgefäß offen gehalten werden.
2 Über einen ………………………… kann man eine Aortenklappe ersetzen. Sie wird durch die Leistenarterie bis ins Herz vorgeschoben. Dazu ist nur ein kleiner Schnitt notwendig, die Operation ist also minimalinvasiv.
3 Die Implantation eines ………………………… erfolgt, wenn das Herz zu langsam schlägt und zu wenig Blut durch den Körper gepumpt wird.
4 Vor der Operation muss ein Aufklärungsgespräch über die Risiken einer ………………………… und der Operation selbst geführt werden.

3 Vor der Operation. Was ist richtig? Hören Sie und kreuzen Sie an.

1 Das Aufklärungsgespräch ○ hat bereits stattgefunden. ○ wird gleich stattfinden.
2 Der Patient trägt ○ während des Gesprächs ○ nach der Operation einen Beatmungsschlauch und einen Blasenkatheter.
3 Der Patient hat die Einverständniserklärung zur Vollnarkose ○ unterschrieben. ○ nicht unterschrieben.
4 Die Operation führt ein ○ junger Assistenzarzt ○ erfahrener Herzchirurg durch.
5 Der Patient bekommt ○ einen Bypass. ○ einen Herzschrittmacher.
6 Das Risiko bei dieser Implantation ist ○ hoch. ○ niedrig.

4 Welches Wort hat eine ähnliche Bedeutung? Finden Sie die Wörter und ordnen Sie zu.

SDLFJAUFDEHNENLSDHGKDEFEKTÖASDFEINSETZENSDFHSMINIMALINVASIV

GSDFPUMPENSAKSDFOPERATEURLKSDFDTAKTFH

1 implantieren: ....
2 kaputt: ....
3 ein Herzkranzgefäß erweitern: ....
4 ohne einen großen Schnitt: ....
5 Rhythmus: ....
6 Blut durch die Gefäße befördern: ....
7 praktizierender Herzchirurg: ....

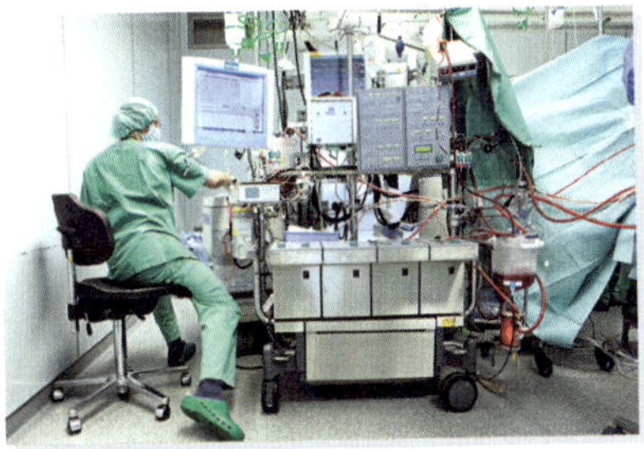

5 Aus einem Aufklärungsgespräch – Ergänzen Sie.

Ar fä ge gen- Herz- Herz kal kranz kung Lun Ma ne rio ro schi se ße skle te Ver

Wir haben festgestellt, dass einige Ihrer .... [1] deutliche Zeichen von .... [2] aufweisen. Umgangssprachlich sagt man dazu auch .... [3], obwohl das nicht ganz richtig ist. Daher haben wir beschlossen, Ihnen einen Bypass einzusetzen. Bei der Operation bekommen Sie eine Vollnarkose und werden an eine .... [4] angeschlossen.

6 Was bespricht ein Arzt / eine Ärztin vor einer Herzoperation mit einem Patienten? Notieren Sie.

Lernwortschatz

aufdehnen, hat aufgedehnt ....
das Aufklärungsgespräch, -e ....
der Beatmungsschlauch, ¨-e ....
der Bypass, ¨-e ....
defekt ....
einsetzen, hat eingesetzt / implantieren, hat implantiert ....
die Einverständniserklärung, -en ....
die Gefäßstütze, -n / der Stent, -s ....
der Herzchirurg, -en / die Herzchirurgin, -nen ....
der Herzkatheter, – ....
das Herzkranzgefäß, -e ....
die Herz-Lungen-Maschine, -n (HLM) ....
der Herzschrittmacher, – ....
die Implantation, -en ....
minimalinvasiv ....
der Operateur, -e / die Operateurin, -nen ....
pumpen, hat gepumpt ....
der Takt (Sg.) ....
die Verkalkung, -en / die Arteriosklerose, -n ....
die (Voll-)Narkose, -n ....

33 Dekubitus

1 Ordnen Sie zu.

die Blase | das Geschwür | die Hautabschürfung | die Rötung

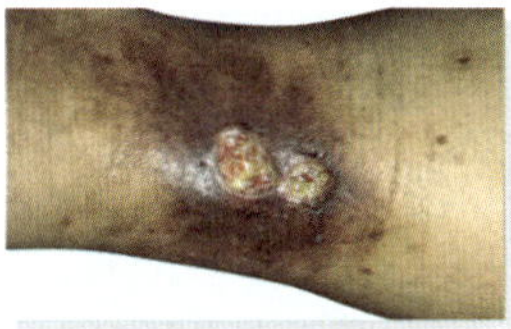
1 ……………………

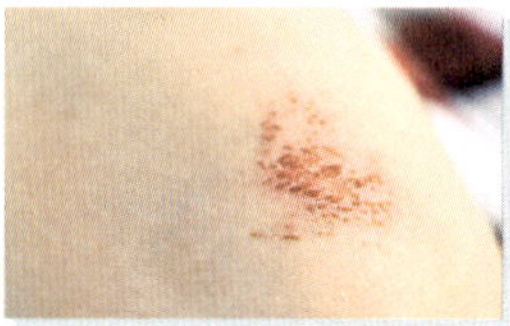
2 ……………………

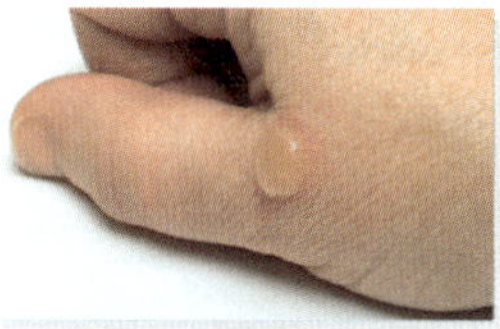
3 ……………………

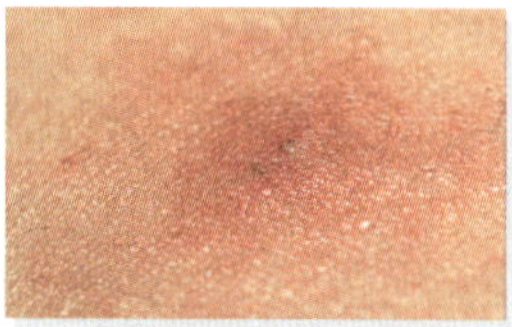
4 ……………………

die Hautschichten | die Lederhaut | die Oberhaut | die Unterhaut

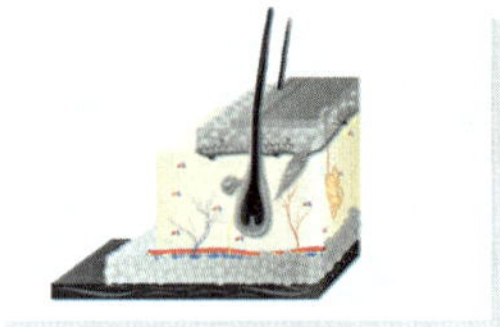
5 ……………………

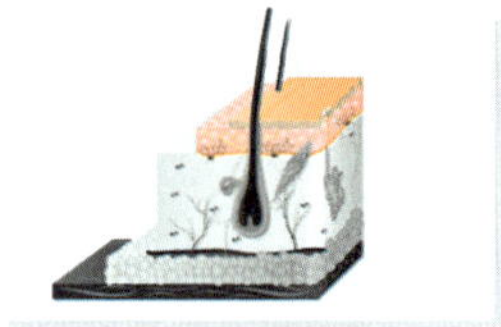
6 ……………………

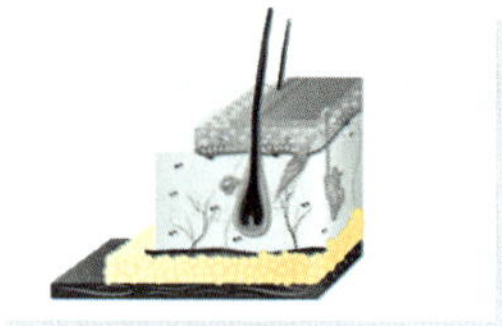
7 ……………………

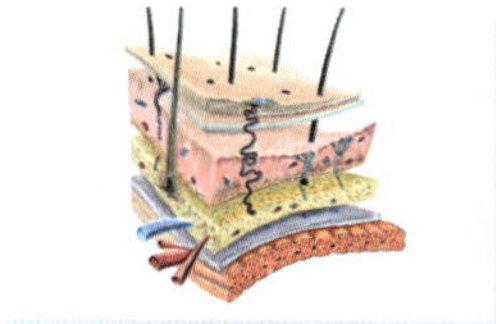
8 ……………………

2 Ergänzen Sie Wörter aus 1 in der passenden Form.

Ein Dekubitus oder Druckgeschwür zeigt sich mit einer …………………… [1], die auch bestehen bleibt, wenn man mit dem Finger darauf drückt. Durch diesen Fingertest kann ein Druckgeschwür der Kategorie I festgestellt werden, obwohl die …………………… [2] noch intakt sind. …………………… [3] und oberflächliche Hautdefekte kennzeichnen die Kategorie II. Das Risiko erhöht sich, wenn durch Schwitzen oder Inkontinenz die Haut von der Flüssigkeit zusätzlich aufgeweicht (= mazeriert) wird. Kategorie III bedeutet, dass die Oberhaut, dann die …………………… [4] und die …………………… [5] geschädigt und sogar zerstört sind. Bei Kategorie IV hat das …………………… [6] auch Knochen, Muskeln und Sehnen freigelegt. Auch Gelenke und Bänder können befallen sein.

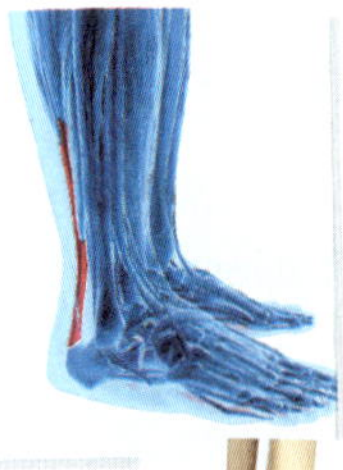
Sehne

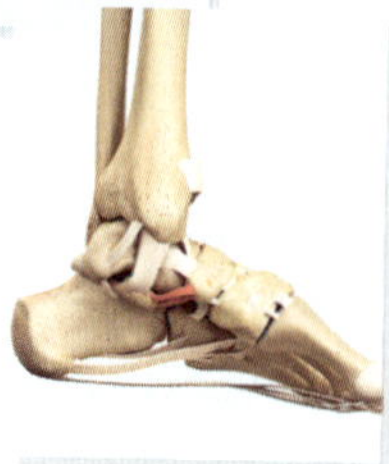
Band

3 Welche Wörter haben eine ähnliche Bedeutung? Verbinden Sie.

1 zerstört	A ohne Schäden
2 intakt	B durch Flüssigkeit aufgeweicht
3 geschädigt	C nicht mehr vorhanden
4 mazeriert	D kaputt

4 Hören und ergänzen Sie.

Von Dekubitus, also von ....[1] betroffen sind vor allem bettlägerige Patienten, die sich nicht mehr alleine umdrehen können. Hier muss auf häufige ....[2] geachtet werden. Das heißt, dass die Pflegekräfte die Patienten regelmäßig ....[3] müssen. Dekubitusgefährdete Körperstellen werden zur ....[4] frei gelagert, also ohne Kontakt zum Bett. Um einseitige Lagerung zu vermeiden, wird ein ....[5] geführt.
Zur Pflege intakter Hautstellen mit Dekubitusrisiko oder ersten Rötungen verwendet man ....[6]. Bei der Ernährung wird darauf geachtet, dass der Patient genügend Wasser trinkt und ausreichend Eiweiß und ....[7] zu sich nimmt.

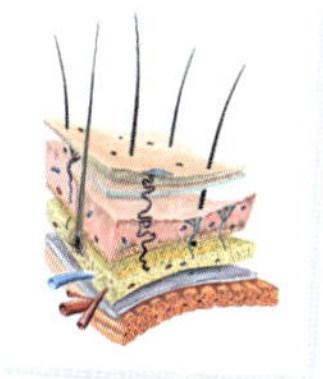

5 Lösen Sie das Rätsel und finden Sie das Lösungswort.

1 Zum Eincremen benutzt man eine _ _ _ _ _ _ _ _ von Wasser in Öl.
2 Ein _ _ _ _ verbindet zwei Knochen miteinander.
3 Durch den _ _ _ _ _ _ _ _ _ _ kann man einen beginnenden Dekubitus feststellen.
4 Die _ _ _ _ _ _ _ _ ist die äußerste Hautschicht.
5 Eine _ _ _ _ _ _ ist eine rote Hautstelle.
6 Bei einer _ _ _ _ _ _ _ _ _ _ _ _ _ _ _ wird die Haut durch Reibung verletzt.
7 Eine _ _ _ _ _ verbindet einen Muskel und einen Knochen.
8 Ein anderes Wort für Dekubitus ist _ _ _ _ _ _ _ _ _ _ _ _ _.

Lösung: Ein wichtiger Faktor bei der Dekubitusprophylaxe ist die _ _ _ _ _ _ _ _.

6 Was ist bei der Pflege dekubitusgefährdeter Patienten wichtig? Notieren Sie.

Lernwortschatz

das Band, ¨-er ....
die Blase, -n ....
das Druckgeschwür, -e / der Dekubitus (Sg.) ....
die Druckentlastung (Sg.) ....
der Fingertest, -s ....
das Geschwür, -e ....
geschädigt ....
die Hautabschürfung, -en ....
die Hautschicht, -en ....
intakt ....
die Lagerung (Sg.) ....
das Lagerungsprotokoll, -e ....
die Lederhaut (Sg.) ....
mazeriert ....
die Oberhaut (Sg.) ....
der Positionswechsel, – ....
die Rötung, -en ....
die Sehne, -n ....
umlagern, hat umgelagert ....
die Unterhaut (Sg.) ....
das Vitamin, -e ....
die Wasser-in-Öl-Emulsion, -en ....
zerstört ....

34 Verbandswechsel

1 Bilden Sie Wörter und beschriften Sie die Fotos.

Einmal · ~~haube~~ · lage · schürze · Wund · Spül · lösung · ~~Kopf~~ · Nieren · Unter · auflage · Verband · schale · kanüle · spritze · Mund · pflaster · Knopf · schere · Heft · schutz · Blasen

A 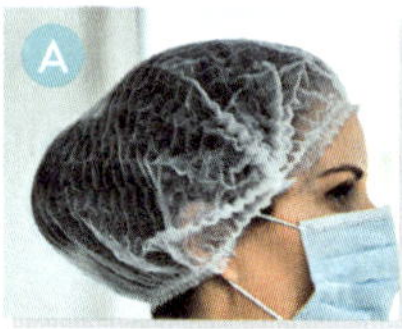
die Kopfhaube

B 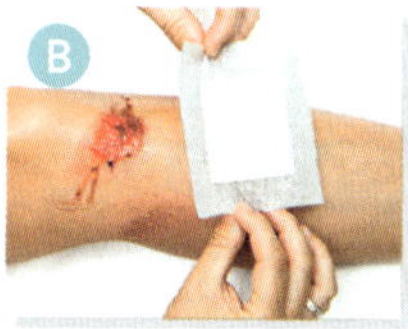
....

C 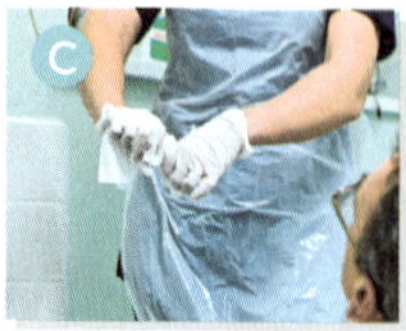
....

D 
....

E 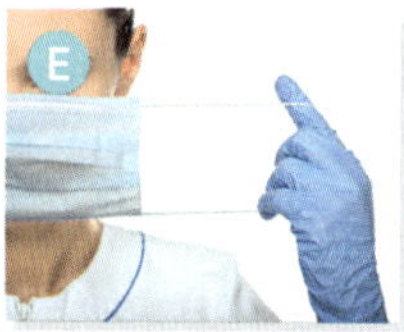
....

F 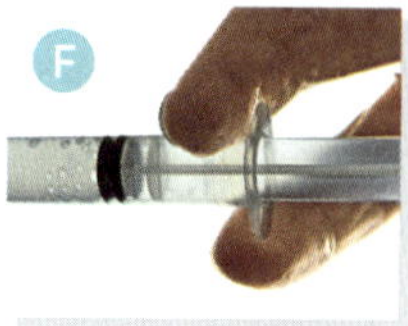
....

G 
....

H 
....

I 
....

J 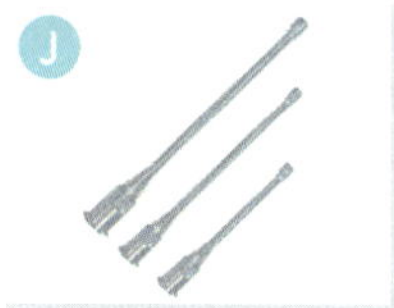
....

K 
....

2 Anleitung einer Praktikantin beim Verbandswechsel. Ergänzen Sie.

Blasenspritze · Einmalschürze · Heftpflaster · Knopfkanüle · Nierenschale · spülen · Unterlage · verbinden · Wundinfektionen · Wundschmerzen

Bei einem Verbandswechsel fragst du zuerst den Patienten, ob er ....[1] hat und ein Schmerzmittel haben möchte. Deine Utensilien legst du in einer ....[2] bereit. Dann legst du Kopfhaube und Mundschutz an, bei größeren offenen Wunden auch eine ....[3]. Desinfizier alles gut, achte darauf, dass die Umgebung steril ist, und arbeite über einer sterilen ....[4]. Als erstes musst du den alten Verband entfernen. Dann misst du die Wunde für die Dokumentation aus und guckst, ob sie sich verändert hat. Besonders wichtig beim Dokumentieren sind ....[5]. Dann musst du die Wunde mit einer Lösung ....[6]. Dazu kannst du eine ....[7] und Ringer- oder Kochsalzlösung benutzen, bei tieferen Wunden eine ....[8] oder einen Spülkatheter. Dann kannst du die Wunde frisch ....[9] und den Verband mit ....[10] fixieren.

3 Lösen Sie das Rätsel und finden Sie das Lösungswort.

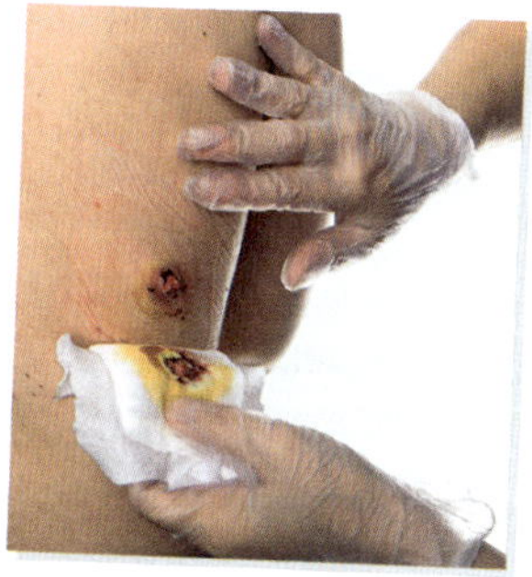

1 den alten Verband ☐☐☐☐■☐☐☐☐
2 die Wunde für die Dokumentation ☐☐■☐☐☐☐☐☐
3 mit einer ☐☐☐☐☐☐ - oder
☐☐☐☐☐☐■☐☐☐☐☐☐☐ spülen
4 für tiefe Wunden einen ☐☐☐☐☐☐■☐☐☐☐☐ benutzen
5 die Wunde frisch ☐☐■☐☐☐☐☐☐
6 den Verband mit Heftpflaster ☐■☐☐☐☐☐☐

Lösung: Eine Wundauflage muss ☐☐☐☐☐☐ und saugfähig sein.

4 Aus einem Patientengespräch. Hören und ergänzen Sie.

Guten Morgen, ich bin zum Verbandswechsel gekommen. Lassen Sie mal sehen. Ich ....[1] Ihnen zuerst den alten Verband. So. Das sieht aber gut aus, Sie haben keine Anzeichen einer ....[2]. Jetzt muss ich die Wunde leider waschen. Möchten Sie ein Schmerzmittel dafür? Nein? In Ordnung. Hatten Sie heute oder gestern stärkere ....[3]? Auch nicht? Sehr gut. Schauen Sie, ich verwende zum Spülen eine ....[4], das ist im Grunde Salzwasser, wie Sie es auch als Nasenspray benutzen. Das brennt auch nicht. Leider ist Ihre Wunde sehr tief. Damit ich ganz nach unten komme und sie komplett säubern kann, verwende ich einen ....[5]. Das kann ein bisschen wehtun, aber es dauert nicht lange. So, schon überstanden. Dann lassen Sie mich noch schnell einen frischen Verband machen. Und bitte nicht wieder aufmachen und drunterschauen, der Verband muss ....[6] bleiben.

5 Wie machen Sie einen Verbandswechsel? Notieren Sie.

Lernwortschatz

ausmessen, hat ausgemessen ....
die Blasenspritze , -n ....
entfernen, hat entfernt ....
fixieren, hat fixiert ....
das Heftpflaster, – ....
die Knopfkanüle, -n ....
die Kochsalzlösung, -en ....
die Kopfhaube, -n ....
der Mundschutz (Sg.) ....
die Nierenschale, -n ....
die Ringerlösung, -en ....
die (Einmal-)Schürze, -n ....
spülen, hat gespült ....
die Spüllösung, -en ....
der Spülkatheter, – ....
steril ....
die Unterlage, -n ....
die Verbandschere, -n ....
verbinden, hat verbunden ....
die Wundauflage, -n ....
die Wundinfektion, -en ....
der Wundschmerz, -en ....

35 Wunden dokumentieren

1 Wundarten – Verbinden Sie.

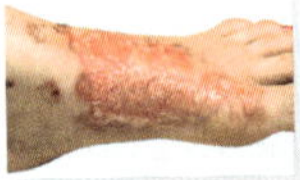
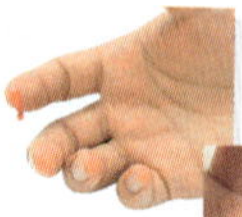
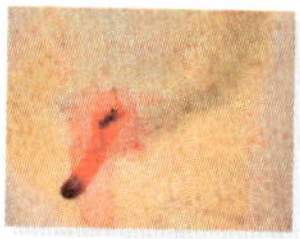
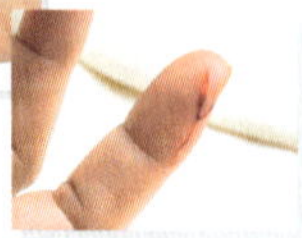

1 stechen
2 schneiden
3 beißen
4 brennen

A die Schnittwunde
B die Verbrennung
C die Stichwunde
D die Bisswunde

2 Ordnen Sie zu.

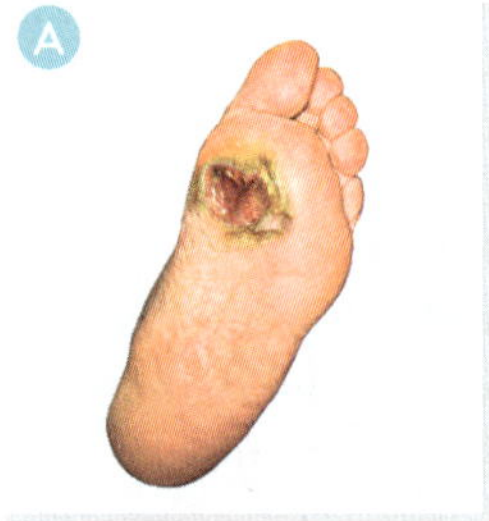

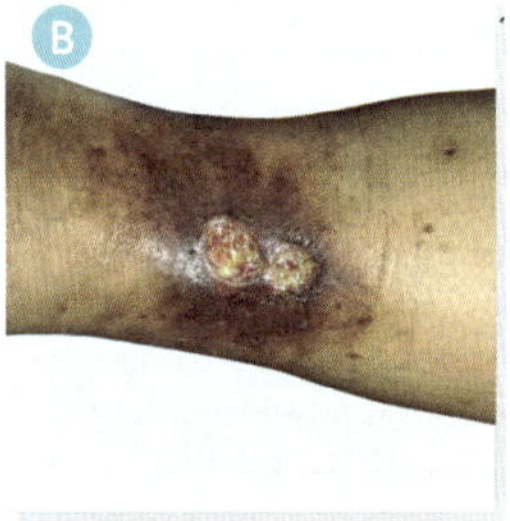

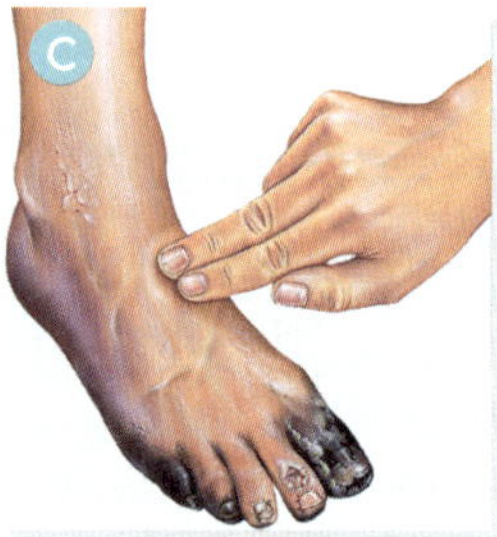

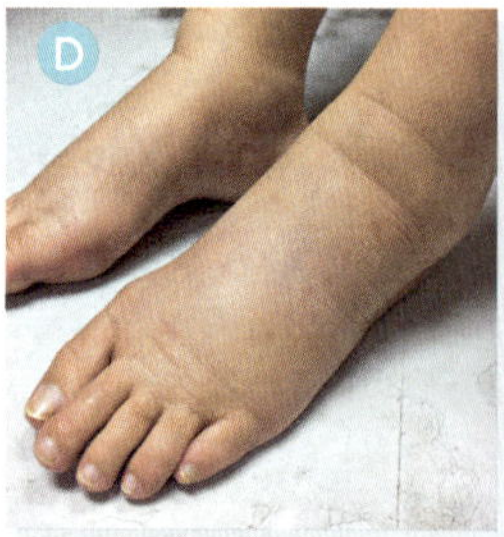

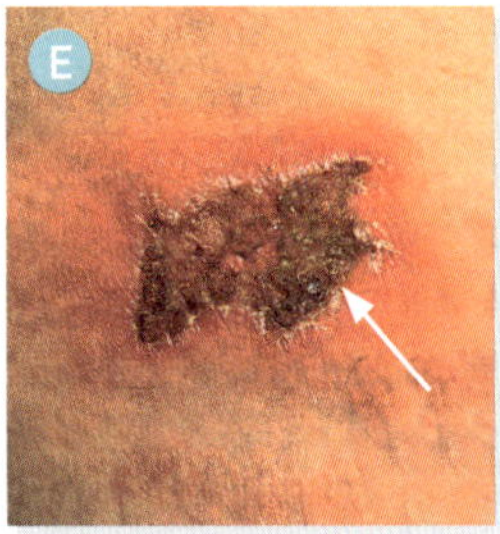

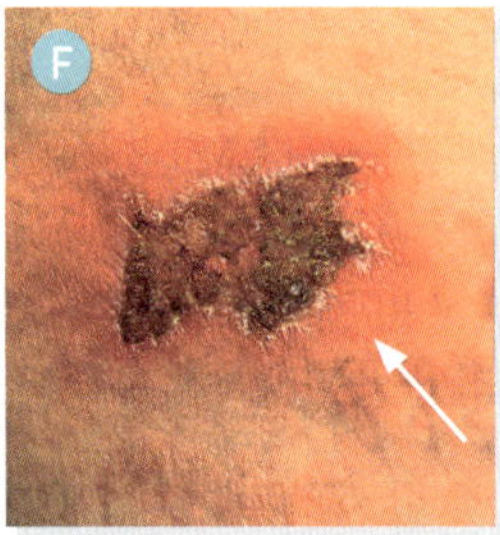

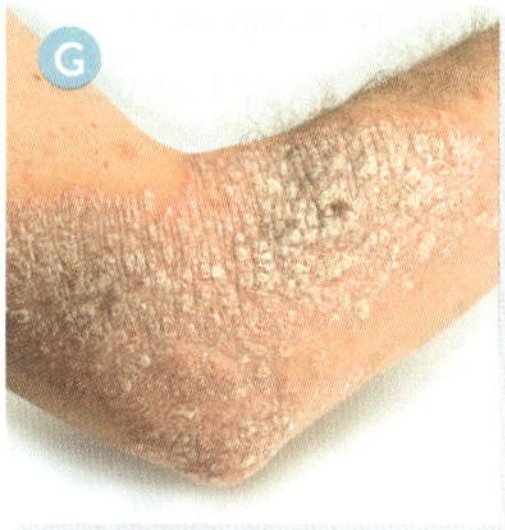

1 Bei einem Ödem sammelt sich Wasser im Gewebe. ......
2 Ein offenes Bein (Ulcus cruris) ist ein Geschwür am Unterschenkel. ......
3 DFS oder diabetisches Fußsyndrom tritt bei zuckerkranken Patienten auf. ......
4 Als Nekrose bezeichnet man abgestorbenes Gewebe. ......
5 Der Wundrand begrenzt die Wunde. Er kann intakt oder zerklüftet sein. ......
6 Bei Ekzemen oder Psoriasis entstehen Hautschuppen. ......
7 Die Wundumgebung erstreckt sich einige Zentimeter um die Wunde. ......

3 Gespräche unter Kollegen – Hören und ergänzen Sie.

1 Die Patientin hatte eine tiefe .... Aber bevor wir die behandeln konnten, mussten wir zuerst die ....
2 .... heilen oft nicht gut oder sehr langsam. Da kommt es wegen der vielen Keime häufig zu ....
3 Der Patient leidet unter .... und hat seit einigen Wochen auch ein ....
4 Der .... ist bei einem guten Heilungsprozess tiefrot und feucht. Der .... sollte intakt sein und nicht zerklüftet.

5 Diese ………………………… hat sich entzündet und ist nun septisch. Dabei ist ………………………… ausgetreten. Als Folge davon kann man die mazerierte ………………………… sehen.

6 Der Patient hat eine schwere ………………………… erlitten. Im Wundgrund ist deutliche ………………………… zu erkennen.

7 Im Bereich der Hände und Füße sind ………………………… zu erkennen, die Haut ist trocken und neigt zur Bildung von ………………………….

4 Ergänzen Sie.

blutig eitrig nekrotisch ödematös schuppig septisch zerklüftet

1 Die Wunde sieht ………………………… aus. Sie zeigt typische Entzündungszeichen, ist gerötet und ………………………….

2 Der Wundgrund ist …………………………, das sieht man an der schwarzen Verfärbung.

3 Die Füße sind ganz dick. Wahrscheinlich sind sie ………………………….

4 Der Wundrand ist …………………………, möglicherweise liegt eine Wundheilungsstörung vor.

5 Im Bereich des Ekzems ist die Haut trocken und …………………………, vom starken Kratzen teilweise ………………………….

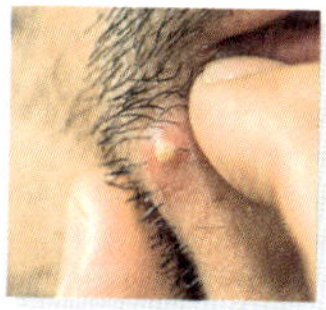

eitrig/Eiter

5 Schreiben Sie einen Dokumentationseintrag zu einer Wundart.

Lernwortschatz

die Bisswunde, -n …………………………

blutig …………………………

das diabetische Fußsyndrom (DFS) (Sg.) …………………………

eitrig …………………………

die Nekrose, -n …………………………

nekrotisch …………………………

das Ödem, -e …………………………

ödematös …………………………

das offene Bein, -e / das Ulcus cruris …………………………

die Schnittwunde, -n …………………………

die (Haut-)Schuppe, -n …………………………

schuppig …………………………

septisch …………………………

die Stichwunde, -n …………………………

(eine Blutung) stillen, hat gestillt …………………………

die Verbrennung, -en …………………………

der Wundgrund (Sg.) …………………………

die Wundheilungsstörung, -en …………………………

der Wundrand, ¨-er …………………………

das Wundsekret, -e / das Exsudat …………………………

die Wundumgebung, -en …………………………

zerklüftet …………………………

36 Todesfälle

1 Ergänzen Sie in der passenden Form.

Abschied nehmen

Bestatter

Handtuchrolle

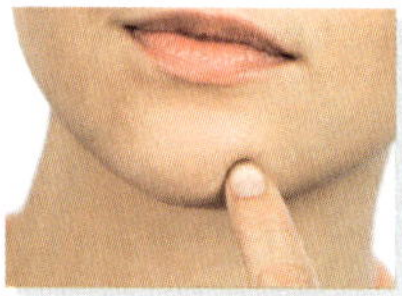
Kinn

Leintuch

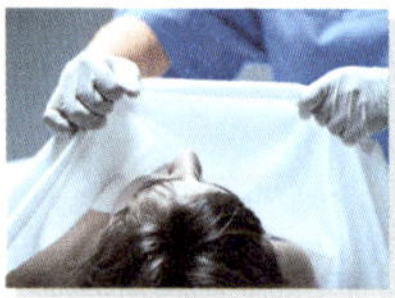
Obduktion

Pathologie

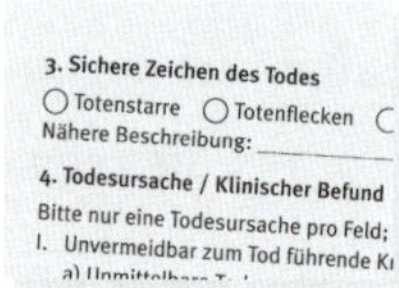
3. Sichere Zeichen des Todes
○ Totenstarre ○ Totenflecken
Nähere Beschreibung: ______
4. Todesursache / Klinischer Befund
Bitte nur eine Todesursache pro Feld:
I. Unvermeidbar zum Tod führende K

Totenschein

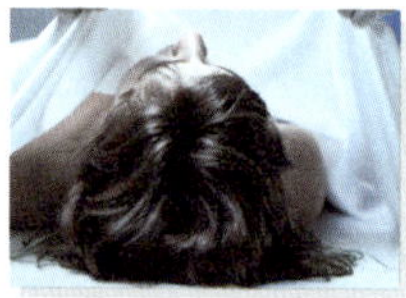
Verstorbener

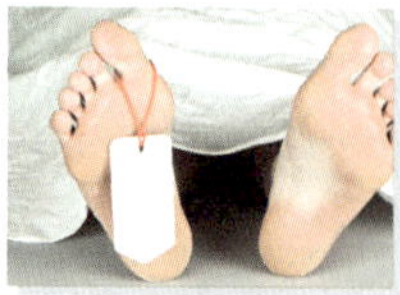
Zehenzettel

1 Die Pflegekraft informiert den Arzt, der den Tod feststellt und den .... ausstellt.
2 Wenn keine .... angeordnet wird, bereitet das Pflegepersonal den .... und das Sterbezimmer für die Angehörigen vor.
3 Dem Verstorbenen wird ein frisches Krankenhaushemd angezogen. Mit einer .... wird das .... so fixiert, dass der Mund sich nicht öffnen kann.
4 Anschließend wird der Verstorbene mit einem .... zugedeckt.
5 Dann können die Angehörigen kommen und .... Auf Wunsch kann auch ein Seelsorger hinzugezogen werden.
6 Schließlich erhält der Verstorbene einen .... und wird in die .... gebracht, wo der .... ihn übernimmt.

2 Verbinden Sie.

1 ein Krankenhaushemd	A fixieren
2 eine Obduktion	B ausstellen
3 das Kinn	C anziehen
4 einen Seelsorger	D anordnen
5 den Totenschein	E hinzuziehen

3 Aus Gesprächen mit Angehörigen. Hören und ergänzen Sie.

1 Ich muss Ihnen leider mitteilen, dass Frau Thiel heute Nacht .... ist.
2 Ich habe erfahren, dass Ihr Mann gestorben ist, und möchte Ihnen mein ....
3 Wir gehen ins ...., da können Sie sich ....
4 Die Todesursache ist nicht klar, darum hat der Arzt angeordnet, dass Ihr Großvater .... wird.
5 Möchten Sie mit einem .... sprechen? Oder mit der Psychoonkologin, die Ihre Großmutter betreut hat?

4 Berufe – Bilden Sie Wörter und ergänzen Sie.

Be cho ge ge ger ko lo lo on Pa Psy Seel sor stat ter tho

1 Er übernimmt den Verstorbenen und organisiert die Beerdigung: der ....
2 Er betreut Patienten und Angehörige. Meistens hat er einen religiösen Hintergrund: der ....
3 Er ist für die psychologische Betreuung von Krebspatienten zuständig: der ....
4 Er führt Obduktionen durch: der ....

5 Ergänzen Sie.

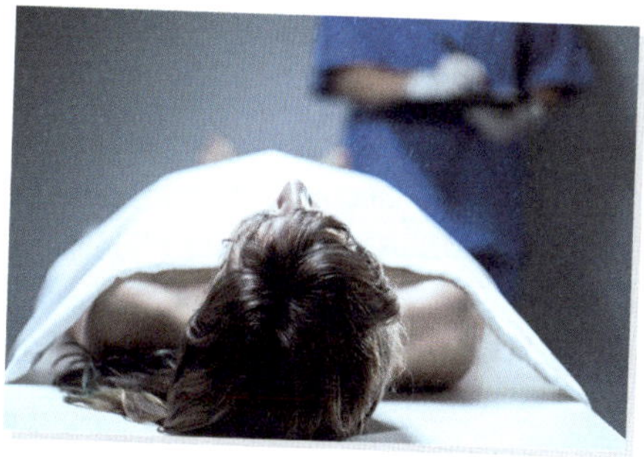

1 Abschied [mehenn] ....
2 den Totenschein [fellüasun] ....
3 das Kinn [xerienfi] ....
4 den Verstorbenen mit einem Leintuch [neckeduz] ....
5 den Tod [nellefstets] ....
6 sein Beileid [rechpsuasen] ....
7 sich von einem Verstorbenen [bascheirevned] ....

6 Der Angehörige eines verstorbenen Patienten kommt zu Ihnen. Sprechen Sie ihm Ihr Beileid aus und erklären Sie, was nun passiert. Notieren Sie.

Lernwortschatz

Abschied nehmen, hat genommen ....
ausfüllen, hat ausgefüllt ....
sein Beileid aussprechen, hat ausgesprochen ....
der Bestatter, –/die Bestatterin, -nen ....
die Handtuchrolle, -n ....
das Kinn fixieren, hat fixiert ....
das Krankenhaushemd, -en ....
das Leintuch, ¨-er ....
obduzieren, hat obduziert ....
die Obduktion, -en ....
der Pathologe, -n/die Pathologin, -nen ....
die Pathologie (Sg.) ....
der Psychoonkologe, -n/die Psychoonkologin, -nen ....
der Seelsorger, –/die Seelsorgerin, -nen ....
das Sterbezimmer, –/der Verabschiedungsraum, ¨-e ....
den Tod feststellen, hat festgestellt ....
der Totenschein, -e ....
sich verabschieden, hat sich verabschiedet ....
versterben, ist verstorben ....
der/die Verstorbene, -n ....
der Zehenzettel, – ....
zudecken, hat zugedeckt ....

37 MRSA

1 a Verbinden Sie.

1 Methicillin
2 resistent
3 Staphylococcus aureus
4 unwirksam
5 Krankenhausinfektion

A Übertragung einer Krankheit in der Klinik
B ohne Effekt
C ein Antibiotikum
D unempfindlich, immun
E ein Baktierium

b Ergänzen Sie Wörter aus a in der passenden Form.

MRSA bedeutet ________ - ________ ________ ________ [1].
Obwohl es ein Bakterium ist, sind viele Antibiotika dagegen ________ [2].
Der MRSA ist Auslöser vieler ________ [3].

2 Ergänzen Sie.

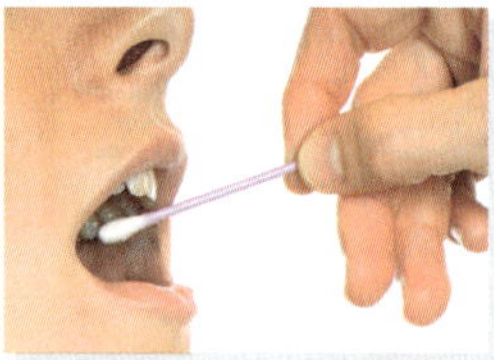
Abstrich

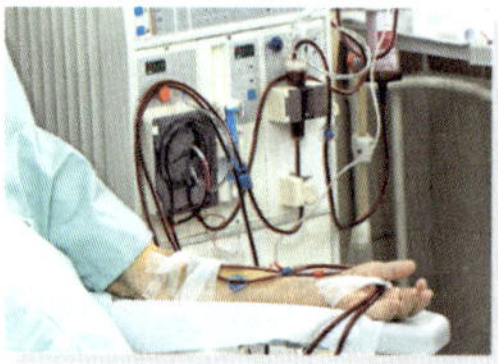
Dialyse

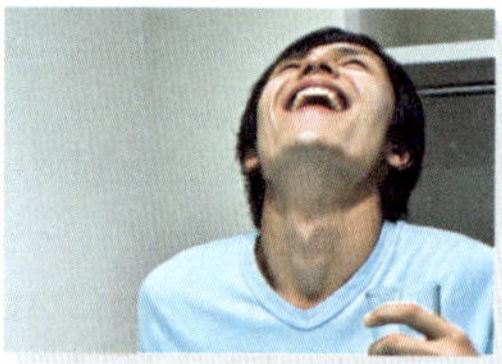
gurgeln

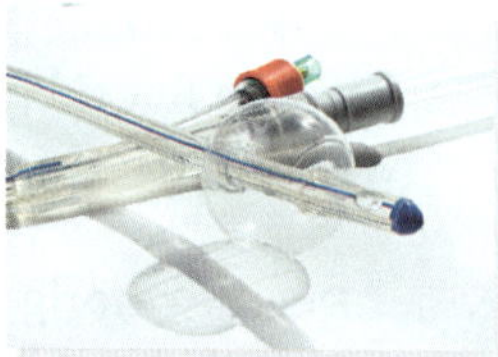
Harnblasenkatheter

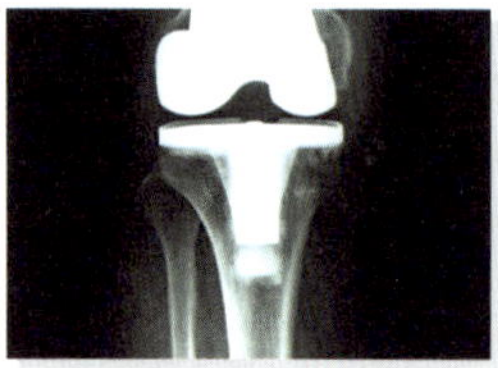
Implantat

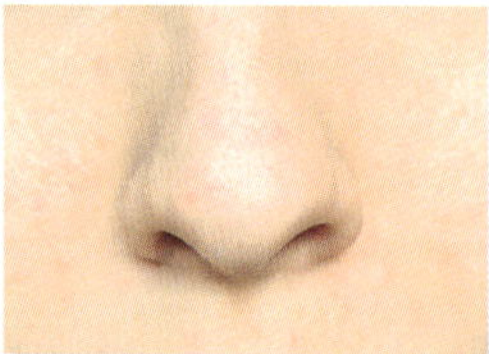
Nasenlöcher

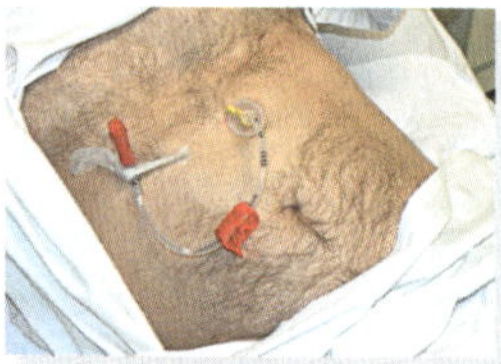
PEG-Sonde

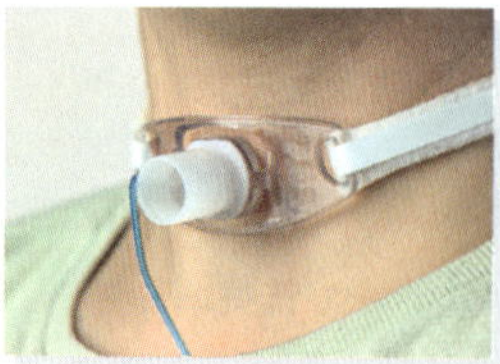
Trachealkanüle

1 Die Besiedlung eines Patienten mit MRSA kann durch einen ________ nachgewiesen werden.
2 Besonders gefährlich ist das Bakterium z. B. für Patienten mit Immunsuppression oder für Nierenpatienten, die ________ benötigen.
3 Eine weitere Risikogruppe sind Patienten mit liegenden Kathetern wie einer ________ in den Magen, einem ________ in die Blase oder einer ________ in die Luftröhre.
4 Auch Patienten, die ein ________ bekommen sollen, erhalten vor der Operation eine MRSA-Sanierung, wenn der Nachweis für eine Besiedlung besteht.
5 Ein Patient mit MRSA bekommt normalerweise ein Gel, das in die ________ eingebracht wird, und eine Spüllösung zum ________. Außerdem wird er isoliert und in ein Einzelzimmer verlegt, damit er den Erreger nicht überträgt.

3 Aus einem Patientengespräch – Hören und ergänzen Sie.

1 Sie wissen, dass Ihr Immunsystem aufgrund der …………………………… geschwächt ist. Darum haben wir den …………… von Ihnen genommen und auf MRSA untersucht, und der Befund ist positiv, das heißt, MRSA ist …………………… worden.

2 Wir möchten nun unbedingt vermeiden, dass der Erreger bei Ihnen eine Infektion …………… oder auf andere Patienten oder Angehörige ………………… wird.

3 Darum müssen wir Sie …………… in einem Einzelzimmer unterbringen und eine …………………… oder ……………… durchführen, das heißt, wir bekämpfen den Erreger medikamentös.

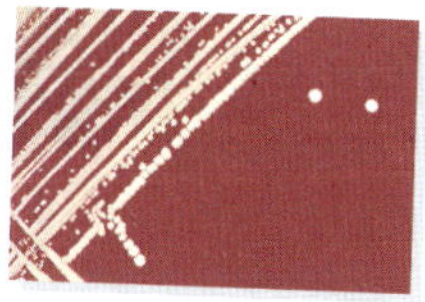

4 Lösen Sie das Rätsel und finden Sie das Lösungswort.

1 Wenn ein Antibiotikum nicht mehr hilft, ist der Erreger dagegen □□■□□□□□□.

2 Den □■□□□□□□ des Bakteriums und seine Antibiotika-Empfindlichkeit erhält man über einen Abstrich.

3 Wenn das Immunsystem mit Medikamenten bewusst geschwächt wird, spricht man von □□□□■□□□□□□□□□□□.

4 Zur Blutreinigung erhält ein Nierenpatient eine □■□□□□□.

5 MRSA kann bei schwachen Patienten eine Infektion □□□□□□■□.

6 MRSA bedeutet Methicillin-resistenter Staphylococcus □□■□□□.

7 Wenn ein Erreger auf dem Gewebe lebt, spricht man von □■□□□□□□□□.

8 Ein Katheter, der durch die Bauchwand in den Magen gelegt wird, heißt PEG-□□■□□.

Lösung: Einen Patienten zu ■■■■■■■■ bedeutet, den Erreger zu bekämpfen.

5 Was macht man bei der Dekolonisierung eines Patienten mit MRSA? Sprechen Sie vor dem Kurs.

Lernwortschatz

der Abstrich, -e ……………………

(eine Infektion) auslösen, hat ausgelöst ……………………

die Besiedlung, -en ……………………

die Dekolonisierung, -en ……………………

die Dialyse (Sg.) ……………………

gurgeln, hat gegurgelt ……………………

der (Harn-)Blasenkatheter, – ……………………

die Immunsuppression (Sg.) ……………………

das Implantat, -e ……………………

isolieren, hat isoliert ……………………

die Krankenhausinfektion, -en ……………………

das Methicillin (Sg.) ……………………

der Nachweis, -e ……………………

nachweisen, hat nachgewiesen ……………………

das Nasenloch, ¨-er ……………………

die PEG-Sonde, -n ……………………

resistent ……………………

sanieren, hat saniert ……………………

die Sanierung, -en ……………………

Staphylococcus aureus (Sg.) ……………………

die Trachealkanüle, -n ……………………

übertragen, hat übertragen ……………………

unwirksam ……………………

38 Prophylaxen

1 a Parotitisproxphylaxe – Verbinden Sie.

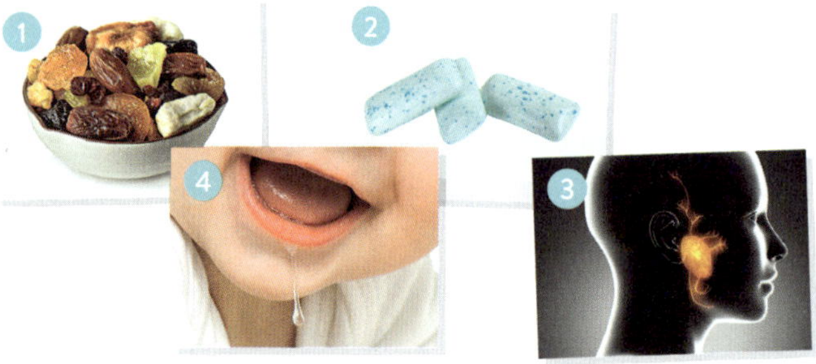

A Speichel

B Kaugummi

C Ohrspeicheldrüse

D Trockenfrüchte

b Ergänzen Sie die Wörter aus a.

Parotitis ist eine Entzündung der ....[1]. Sie entsteht, wenn der Patient zu wenig ....[2] produziert. Mit dem Kauen von ....[3] oder dem Verzehr von ....[4] kann die Speichelproduktion wieder angeregt werden.

2 a Soorprophylaxe – Beschriften Sie die Fotos.

Mundpflegestäbchen
Mundraum
Mundspatel
Soor

....

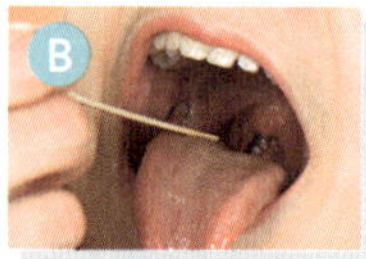

....

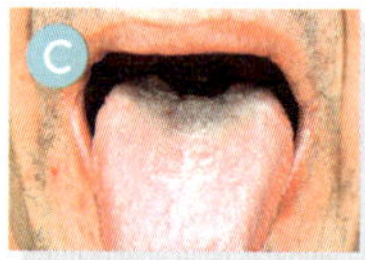

....

....

b Ergänzen Sie die Wörter aus a.

....[1] ist eine Pilzinfektion im ....[2]. Zur Prophylaxe wird der Mund regelmäßig mit einem ....[3] und einer Lampe untersucht und mit ....[4] gereinigt.

3 Aspirationsprophylaxe – Vier Wörter passen nicht. Tauschen Sie sie.

Von angedickt spricht man, wenn ein Patient sich beim Essen und Trinken leicht Aspiration. Zur Prophylaxe wird die Nahrung verschluckt und Getränke werden püriert.

sich verschlucken

püriert

4 Kontrakturenprophylaxe – Hören und ergänzen Sie.

Wenn sich Patienten sehr wenig bewegen, können ....[1] Muskeln und Sehnen ....[2]. Außerdem werden die Gelenke ....[3], d.h. es können ....[4] entstehen. Zur Vorbeugung leitet man den Patienten zu Bewegungsübungen an.

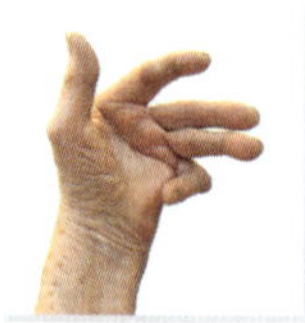

Kontraktur

5 a **Pneumonieprophylaxe – Welche Wörter haben eine gleiche Bedeutung? Verbinden Sie.**

1 Abhusten
2 Immunsystem
3 Atemtechnik
4 Pneumonie

A die Abwehrkräfte des Körpers
B das Heraushusten von Sekret
C Lungenentzündung
D bestimmte Art, Luft zu holen

b **Ergänzen Sie die Wörter aus a in der passenden Form.**

Wenn das ……………… [1] eines Patienten geschwächt ist, steigt das Risiko einer ……………… [2]. Zur Prophylaxe dienen Medikamente, die dem Patienten beim ……………… [3] von Schleim helfen, sowie spezielle ……………… [4].

6 **Finden Sie die Wörter und sortieren Sie.**

JRETANDICKENSGHÖSPEICHELPRODUKTIONASDFJGPAROTITISSDF

GASPIRATIONSDFPÜRIERENSDFJLKFOHRSPEICHELDRÜSEASLKDJF

Erkrankung	………………	………………
betroffener Körperteil	Atemwege	………………
Prophylaxe	Speisen ……………… Getränke ………………	……………… anregen

7 **Sie klären einen Patienten über geplante Maßnahmen zur Prophylaxe auf. Notieren Sie.**

Lernwortschatz

abhusten, hat abgehustet ………………
andicken, hat angedickt ………………
die Aspiration, -en ………………
die Atemtechnik, -en ………………
das Immunsystem, -e ………………
der Kaugummi, -s ………………
die Kontraktur, -en ………………
das Mundpflegestäbchen, – ………………
der Mundspatel, – ………………
der Mundraum (Sg.) ………………
die Ohrspeicheldrüse, -n ………………
die Parotitis, die Parotitiden ………………

die Lungenentzündung, -en / die Pneumonie, -n ………………
pürieren, hat püriert ………………
der Soor (Sg.) ………………
der Speichel (Sg.) ………………
die Speichelproduktion (Sg.) ………………
steif ………………
die Trockenfrucht, ¨-e ………………
sich verkürzen, hat sich verkürzt ………………
sich verschlucken, hat sich verschluckt ………………

39 Krebserkrankungen

1 Ergänzen Sie.

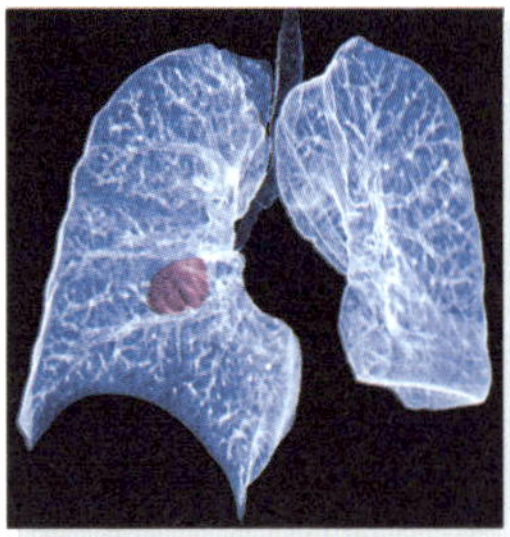
Karzinom

Krebspatient

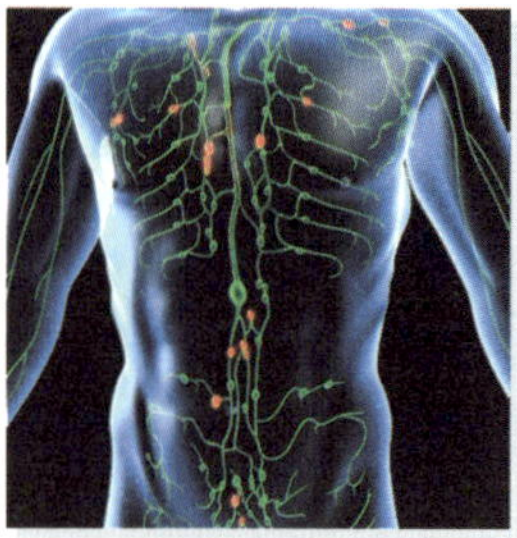
Lymphbahnen

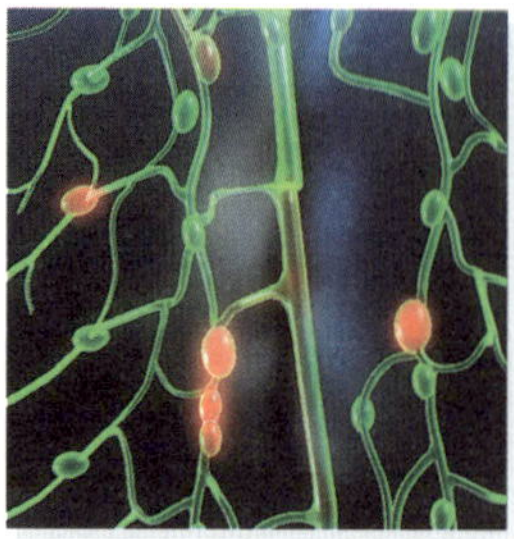
Lymphknoten

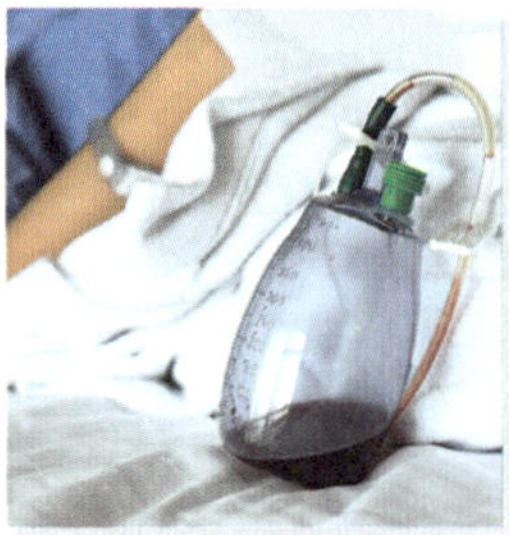
Redon-Drainage

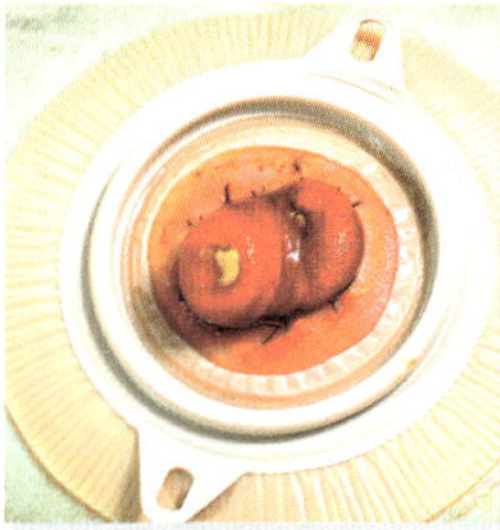
Stoma

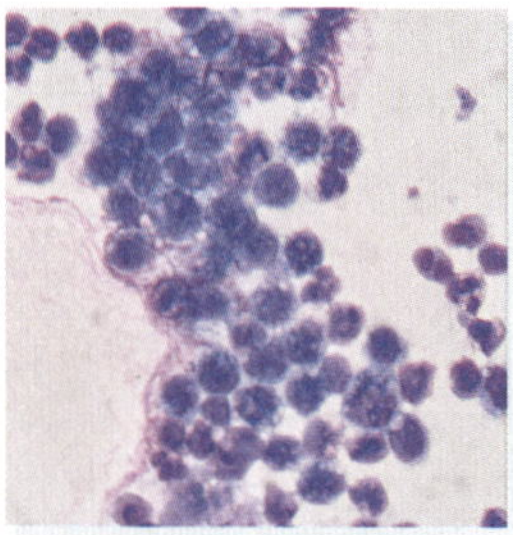
Tumor

1 Er kann gutartig (benigne) oder bösartig (maligne) sein: der ....
2 Ein künstlicher Blasen- oder Darmausgang: das ....
3 Eine Krebserkrankung, die 80 % aller bösartigen Tumore ausmacht: das ....
4 Sie sind wie Kanäle im Körper, über die Krebszellen in andere Bereiche des Körpers gestreut werden können, wodurch Metastasen entstehen: die .... und die Blutgefäße
5 Diese Drüsen werden bei der Brustkrebsprophylaxe unter den Armen abgetastet: die ....
6 Sie wird verwendet, um Wundsekret zu fördern: die ....
7 Eine Person, die wegen einer bösartigen Tumorerkrankung in Behandlung ist: der ....

2 Verbinden sie.

1 Malignom	A Krebsbehandlung mit Medikamenten
2 Lymphödem	B bösartiger Tumor
3 Chemotherapie	C Behandlung von Lymphödemen
4 Strahlentherapie	D Ansammlung von Flüssigkeit aus dem Lymphsystem
5 Lymphdrainage	E erstmaliges Auftreten von Krebszellen im Körper
6 Rückfall	F Krebsbehandlung mit radioaktiven Präparaten oder Geräten
7 Krebsneuerkrankung	G erneutes Auftreten einer Krankheit

3 Gespräche unter Kollegen – Hören und ergänzen Sie.

1 Bei dem Patienten wurde ein Stoma angelegt, weil vorgestern ein ________ aus dem Dickdarm entfernt worden ist.
2 Als Folgebehandlung erhält er eine ________.
3 Die Redon-Drainage kann heute gezogen werden, sie ________ fast kein ________ mehr.
4 Bei dieser Patientin hat ein Karzinom ________ und zwar bis ins Knie. Auf den Bildern sind deutlich ________ zu erkennen.
5 Es handelt sich um eine ________, bei der die linke Brust befallen ist.
6 Aufgrund eines ________ Tumors wurden dem Patienten mehrere Lymphknoten entfernt.
7 Er erhält nun eine Strahlentherapie und manuelle ________.
8 Der Patient hat zwei Jahre lang keine Symptome gezeigt und dann einen ________ erlitten. In der Biopsie sind wieder ________ gefunden worden.

4 Aus Patientengesprächen: Ergänzen Sie.

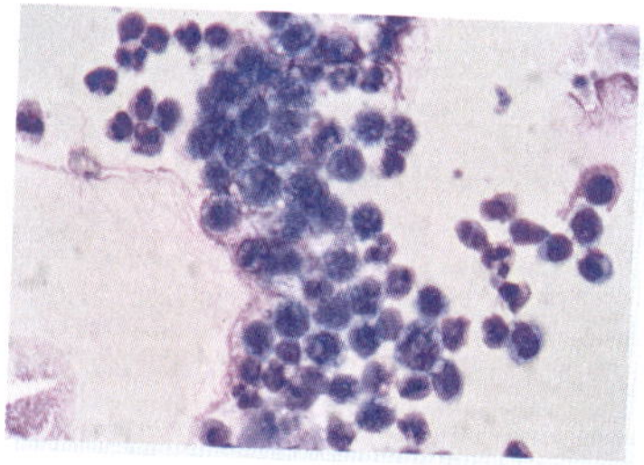

1 Wenn Sie in den nächsten fünf Jahren keinen [füllRack] ________ erleiden, ist Ihr Krebsrisiko wieder so niedrig wie vor der Erkrankung.
2 Der Krebs hat sich ausgebreitet und das Lungengewebe [llebfane] ________.
3 Nach der Lymphknotenentfernung ist die Gefahr groß, dass sich [medöemLphy] ________ bilden.
4 Das Malignom hat [truesteg] ________. Das bedeutet, dass sich über die [nabhenmpyhL] ________ Krebszellen verteilt haben und jetzt [neMsatsate] ________ bilden.
5 Der [rumoT] ________ hat sich vollständig zurückgebildet, die Kombination aus Chemo- und [thareeipSlenrath] ________ war sehr erfolgreich.

5 Sie klären einen Patienten über seine Krebserkrankung auf. Notieren Sie.

Lernwortschatz

befallen, hat befallen ________
die Chemotherapie, -n ________
Sekret fördern, hat gefördert ________
____
das Karzinom, -e ________
die Krebsneuerkrankung, -en ________
____
der Krebspatient, -en ________
die Krebszelle, -n ________
die Lymphbahn, -en ________
die Lymphdrainage (Sg.) ________
der Lymphknoten, – ________
das Lymphödem, -e ________
maligne ________
das Malignom, -e ________
die Metastase, -n ________
die Redon-Drainage, -n ________
der Rückfall, ¨-e ________
das Stoma, Stomata ________
die Strahlentherapie, -n ________
streuen, hat gestreut ________
der Tumor, -en/-e ________

40 Arbeitssicherheit

1 a Allgemeine Schutzmaßnahmen – Verbinden Sie.

1 die Betriebs
2 der Betriebs
3 der Arbeits
4 die Vorsorge
5 der Pausen
6 die Schutz
7 der Durchgangs

A unfall
B anweisung
C untersuchung
D arzt
E maßnahme
F raum
G arzt

b Ergänzen Sie Wörter aus a in der passenden Form.

1 Lesen Sie die .... zur Vermeidung von ....
2 Essen und Trinken ist außerhalb der .... verboten.
3 Nehmen Sie an .... teil, die vom .... angeboten werden, und folgen Sie seinen Impfempfehlungen.
4 Beachten Sie die .... zum Umgang mit infektiösem Materialien.
5 Für Arbeitsunfälle ist der .... zuständig.

2 Ergänzen Sie.

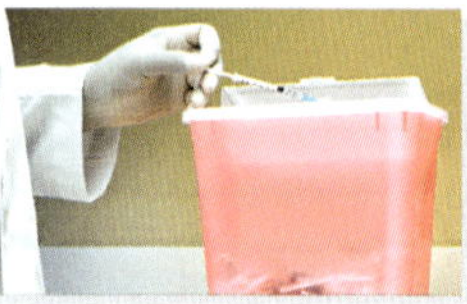
Behälter

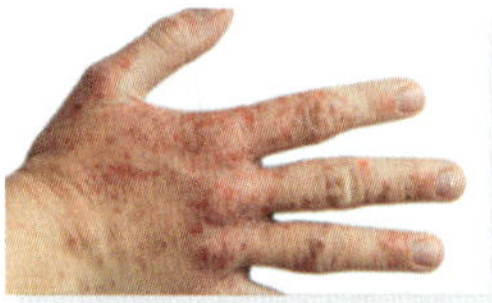
Ekzem

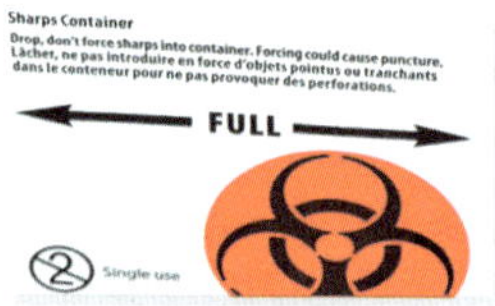

Markierung

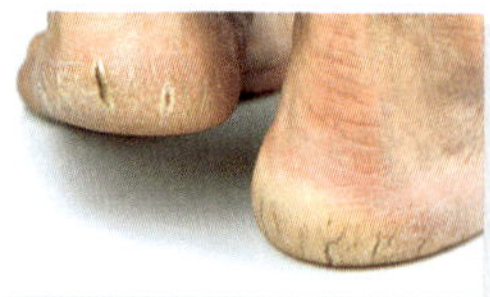
Riss

scharf

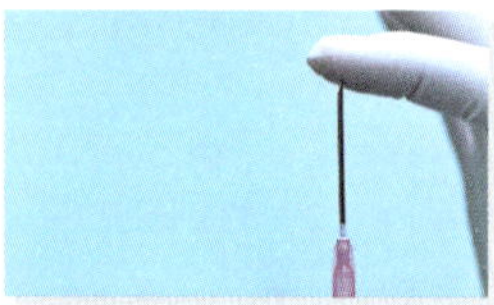
spitz

zerbrechlich

Blutspritzer

1 Schneide dich nicht! Das Skalpell ist .... !
2 Alte Kanülen musst du in diesem .... entsorgen. Aber der darf nicht voller sein als bis zur .... Und die Schutzhülle darfst du nicht wieder aufsetzen.
3 Achtung, stich dich nicht! Die Kanüle ist ....
4 Wenn du ein .... an den Händen hast oder einen .... von einer Verletzung, kannst du dich leicht infizieren.
5 Alle Gegenstände aus Glas sind .... und müssen in einem speziellen bruch- und stichsicheren Behälter entsorgt werden.
6 Hast du einen .... ins Auge bekommen? Nicht reiben! Du musst das Auge möglichst schnell ausspülen.

3 Verhaltensregeln bei der Entsorgung – Finden Sie die Wörter und ergänzen Sie.

SDFHHZERBRECHLICHENSDFGSAUFGESETZTLKSDFENTSORGTKLSDFSD

FLKBETRIEBSANWEISUNGKSJDFMARKIERUNGSFDTZTRFSTICHSICHERSUZTZ

VERHALTENSREGELNSDFSDFASDFDFBRUCHSICHER

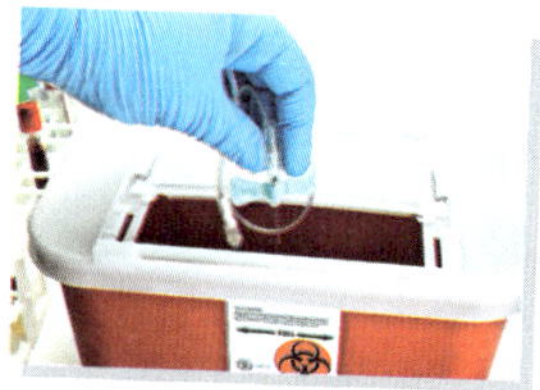

1 Alle gefährlichen oder .... Gegenstände müssen gesondert .... werden.
2 Die Behälter dafür müssen .... (nicht zerbrechlich) und .... sein. Und sie dürfen nur bis zur .... gefüllt werden.
3 Bei alten Kanülen darf die Schutzhülle nicht wieder .... werden.
4 Diese .... stehen in der .... zur Arbeitssicherheit.

4 Verhaltensregeln bei Arbeitsunfällen – Ergänzen Sie.

aufsuchen | ausbluten | ausspucken | ausspülen | reiben

1 Spritzer ins Auge sofort .... Man darf keinesfalls ....
2 Wunden .... lassen.
3 Wenn etwas in den Mund gekommen ist, sofort ....
4 Nach jedem Arbeitsunfall sofort den Durchgangsarzt ....

5 Welche Verhaltensregeln kennen Sie zur Vermeidung von Arbeitsunfällen? Notieren Sie.

Lernwortschatz

der Arbeitsunfall, ¨-e ....
(die Schutzhülle) aufsetzen, hat aufgesetzt ....
aufsuchen, hat aufgesucht ....
ausbluten lassen, hat ausbluten lassen ....
ausspucken, hat ausgespuckt ....
der Behälter, – ....
die Betriebsanweisung, -en ....
der Betriebsarzt, ¨-e / die Betriebsärztin, -nen ....
bruchsicher ....
der Durchgangsarzt, ¨-e / die Durchgangsärztin, -nen ....
das Ekzem, -e ....
entsorgen, hat entsorgt / die Entsorgung (Sg.) ....
die Markierung, -en ....
der Pausenraum, ¨-e ....
reiben, hat gerieben ....
der Riss, -e ....
scharf ....
die Schutzmaßnahme, -n ....
spitz ....
der Spritzer, – ....
stichsicher ....
die Verhaltensregel, -n ....
die Vorsorgeuntersuchung, -en ....
zerbrechlich ....

Anatomie und Krankheiten

Kopfbereich

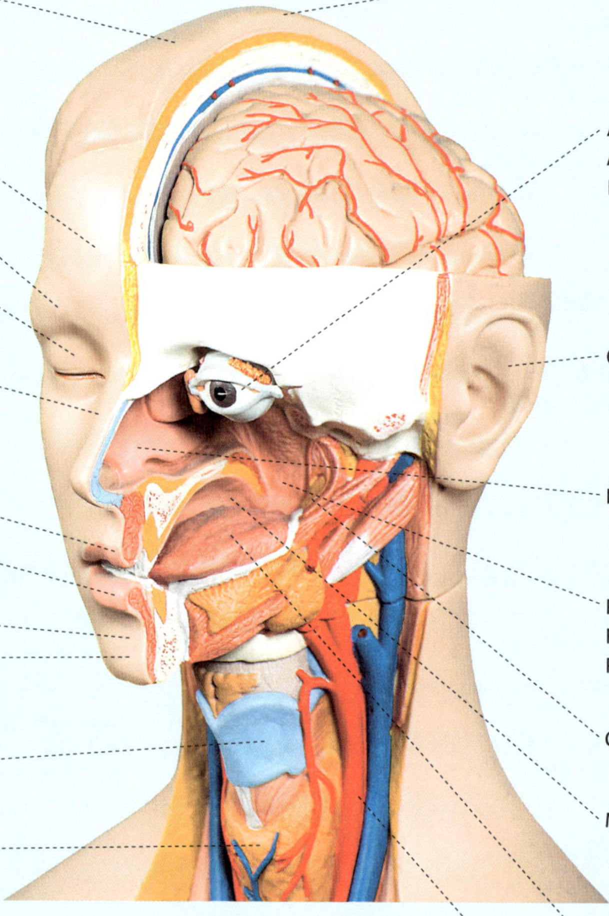

Rumpf und Abdomen

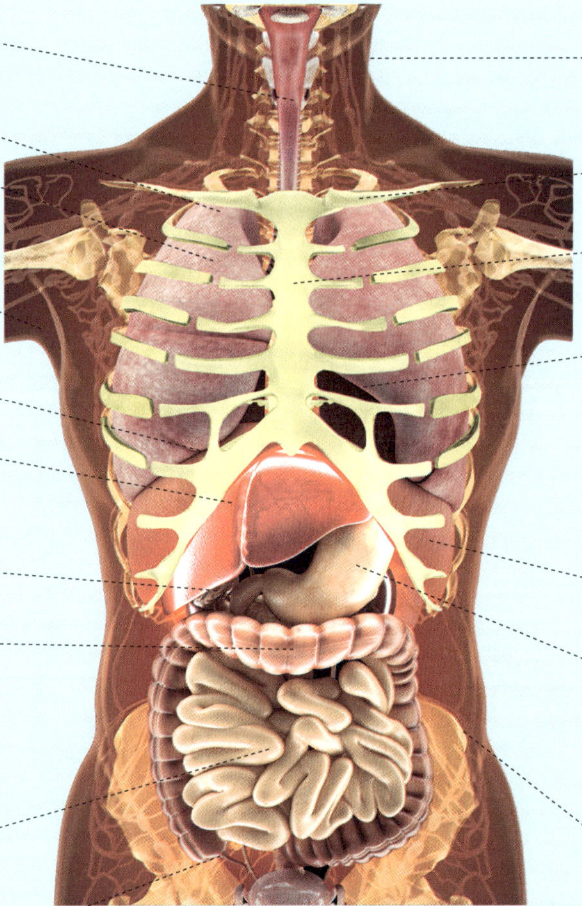

Rücken

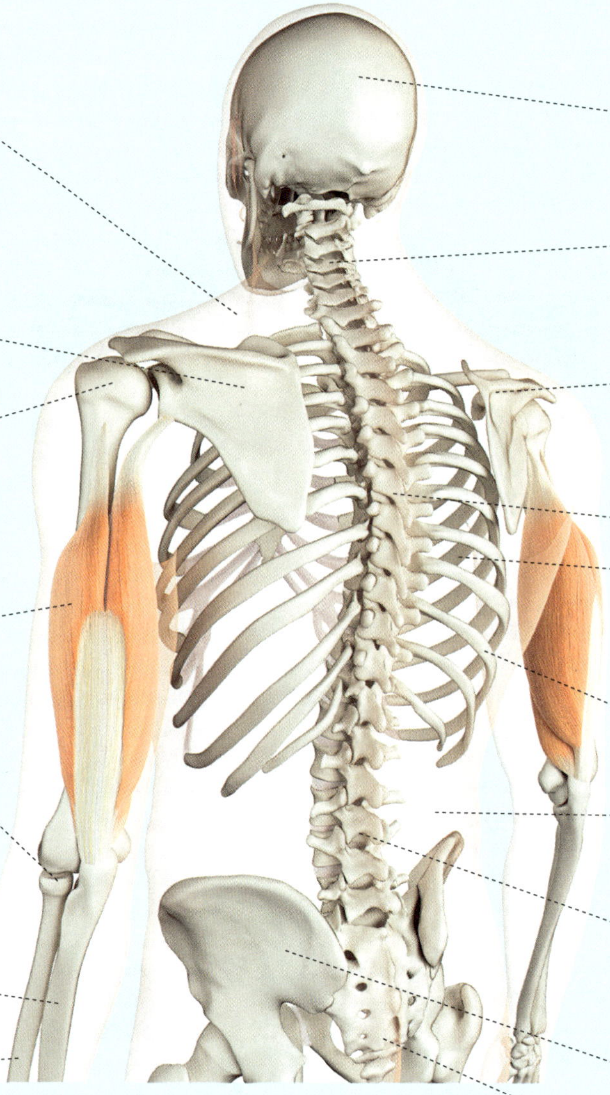
Hautveränderungen
Blasen
Pusteln
Ausschlag
Krusten
Flecken
Schuppen
Schulter, Schulterblatt
Schultersteife
Engelsflügel, Ala-Flügel
Oberarmkopf
Schulterverrenkung
Schulterauskugelung
Schulterausrenkung
Oberarm
Oberarmbruch
Ellenbogengelenk
Tennisarm
Tennisellenbogen
Golferarm
Elle
Speiche
Radiusköpfchenbruch
Hinterkopf
Spannungskopfschmerz
Halswirbelsäule
Nackenbeschwerden
steifer Hals
Schleudertrauma
Schultergürtel
Kalkschulter
Brustwirbelsäule
Zwischenrippenbereich
Nervenschmerzen
Interkostalneuralgie
Gürtelrose
Rippenbogen
Nierenlager
Nierensteine
Nierenbeckenentzündung
Lendenwirbelsäule
Rückenschmerzen
Bandscheibenvorfall
Hexenschuss
Becken
Beckenschiefstand
Kreuzbein

Untere Extremität und Hand

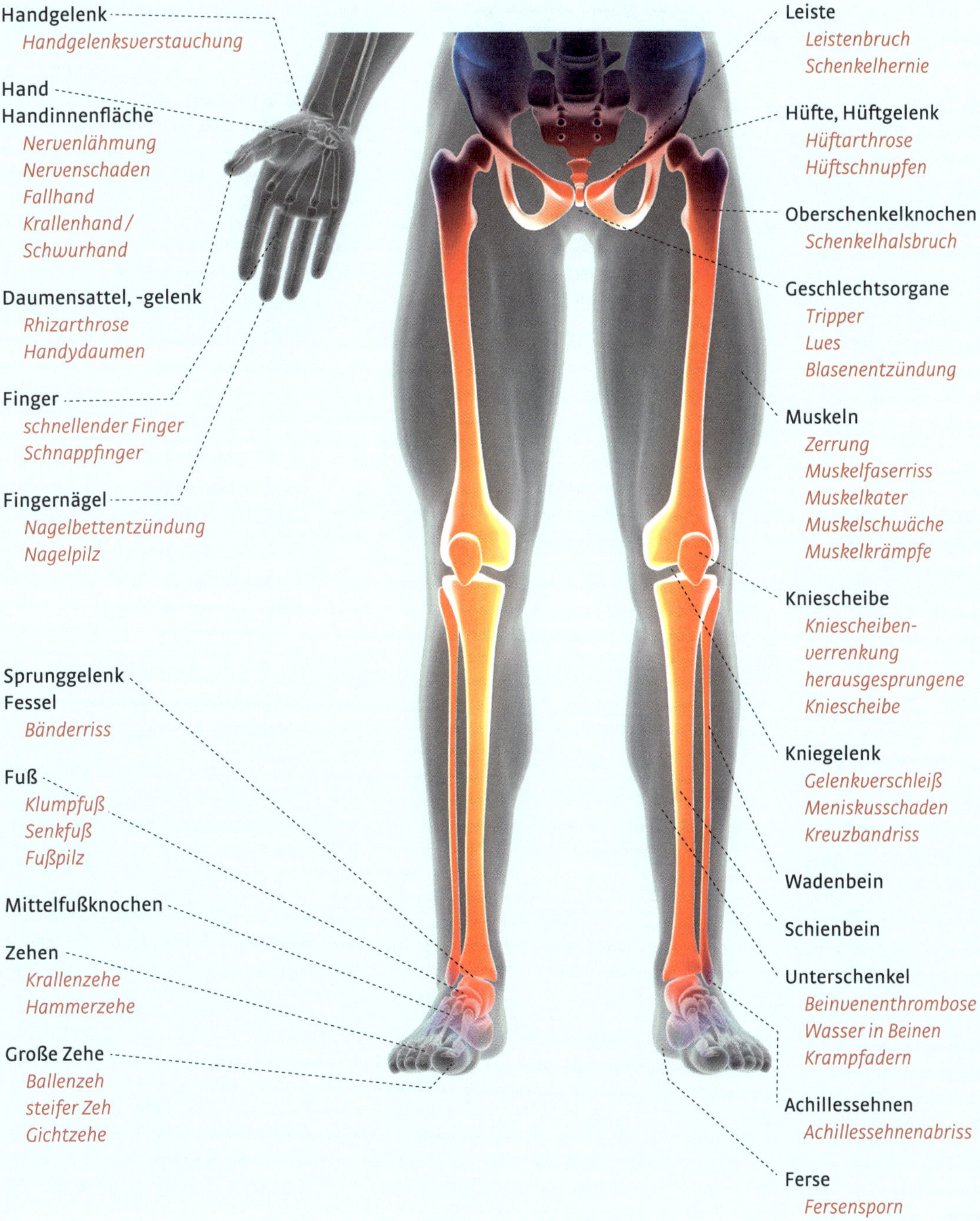

Wörterverzeichnis

Die Zahl gibt die Nummer des Wortfelds an.

A

Abführmittel das, – **18**
abhusten, hat abgehustet **38**
Abklärung die, -en **30**
Ablauf der, ¨-e **13**
ablaufen, ist abgelaufen **18**
ablegen, hat abgelegt **10**
ableiten, hat abgeleitet: ein EKG **31**
absaugen, hat abgesaugt **31**
Absauggerät das, -e **31**
Absaugkatheter der, – **31**
Abschied nehmen, hat genommen **36**
absetzen, hat abgesetzt (Medikament) **18**
absetzen, hat abgesetzt (Stuhl) **21**
Absprache die, -n: nach ärztlicher Absprache **13**
absprechen, hat abgesprochen **13**
Abstrich der, -e **37**
abtrocknen, hat abgetrocknet **23**
abwischen, hat abgewischt **10**
Adrenalin das **31**
After der **18**
aggressiv **28**
akut **8**
Alkohol der, Alkoholika **3**
allergisch **3**
Allgemeinzustand der **12**
Altenpfleger der, –/die Altenpflegerin -nen **1**
Ampulle die, -n **31**
Anamnesebogen der, ¨- **2**
anästhesietechnisch **1**
andicken, hat angedickt **38**
Anfall der, ¨-e **9**
anfühlen sich, hat sich angefühlt **29**
angeben, hat angegeben **12**
Angehörige der/die, -n **27**
Angina pectoris die **9**
ängstlich **28**
Anhang der, ¨-e **6**
ankleiden, hat angekleidet **10**
anlegen, hat angelegt **10**
Anliegen das, – **7**
anreichen, hat angereicht **10**
Anruf der, -e **6**
Anrufbeantworter der, – **6**
Anrufer der, –/die Anruferin -nen **6**
Anschlussheilbehandlung die, -en (AHB) **24**
anspannen, hat angespannt **20**
ansprechbar **31**
Ansprechperson die, -en **4**
Anti-Baby-Pille die, -n **26**
Antibiotikum das, Antibiotika **18**
Antrag der, ¨-e: einen Antrag stellen **4**
Anwendung die, -en **17**
Aorta die, Aorten **30**
Aortenklappe die, -n **30**
apathisch **28**
Appendix der **8**
Appetitlosigkeit die **13**
Arbeitsunfähigkeitsbescheinigung die, -en **6**
Arbeitsunfall der, ¨-e **40**
Armbeuge die, -n **22**
Arteriosklerose die, -n **32**
Arthrose die, -n **9**
Arzneimittel das, – **18**
Arztbrief der, -e **3**
Aspiration die, -en **38**
Assistent der, -en/die Assistentin -nen **1**
Aszites der **9**
Atembeschwerden (Pl.) **8**
Atemtechnik die, -en **38**
atmen, hat geatmet **8**
Atmung die **8**
Aufbaukost die **15**
aufdehnen, hat aufgedehnt **32**
auffangen, hat aufgefangen **21**
aufklären, hat aufgeklärt **11**
Aufklärungsgespräch das, -e **32**
auflegen, hat aufgelegt **6**
Aufnahmegespräch das, -e **3**
aufschürfen, hat aufgeschürft **24**
aufsetzen sich, hat sich aufgesetzt **16**
aufsetzen, hat aufgesetzt: die Schutzhülle **40**
aufsuchen, hat aufgesucht **40**
auftragen, hat aufgetragen **18**
Aufwachraum der, ¨-e **1**
aufziehen, hat aufgezogen **31**
Augenprothese die, -n **27**
Augentropfen (Pl.) **18**
ausbluten lassen, hat ausbluten lassen **40**
ausdrucken, hat ausgedruckt **6**
ausdrücklich **13**
ausfüllen, hat ausgefüllt **36**
aushalten, hat ausgehalten **29**
Auskunft die, ¨-e **6**
auslösen, hat ausgelöst: eine Infektion **37**
ausmessen, hat ausgemessen **34**
Ausrede die, -n **28**
ausrichten, hat ausgerichtet **6**
ausrutschen, ist ausgerutscht **24**
ausscheiden, hat ausgeschieden **20**
äußern, hat geäußert **12**
aussprechen, hat ausgesprochen: sein Beileid **36**
ausspucken, hat ausgespuckt **15, 40**
ausspülen, hat ausgespült **17**
ausstrahlen, hat ausgestrahlt **29**
austrocknen, ist ausgetrocknet **12**

B

Band das, ¨-er **33**
Bandscheibe die, -n **25**
Bandscheibenvorfall der, ¨-e **25**
beantworten, hat beantwortet **6**
beatmen, hat beatmet **31**
Beatmungsbeutel der, – **31**

C

D

E

F

G

L

M

N

O

P

R

S

T

U

V

W

Z

Quellenverzeichnis

Cover: © Getty Images/ONOKY/Eric Audras
S. 5: Pflaster © Thinkstock/iStock/Ruben Pinto
S. 6: von links: © Thinkstock/iStock/mandygodbehear; © Thinkstock/iStock/miriam-doerr; © Thinkstock/Wavebreak Media; © Thinkstock/iStock/monkeybusinessimages; © Thinkstock/Wavebreakmedia Ltd
S. 7: © Thinkstock/Wavebreak Media
S. 8: Ü1: Patientenzimmer © iStockphoto/jodi Jacobson; Pflegearbeitsraum © Thinkstock/Fuse; Stationszimmer © Thinkstock/iStock/monkeybusinessimages; Patientenkurve © PantherMedia/Sonja Wittke; Patientin © fotolia/contrastwerkstatt
S. 9: © Thinkstock/iStock/justme_yo
S. 10: Ü1 © Thinkstock/Monkey Business Images; Krücke © Thinkstock/iStock/stockyimages; Stützkorsett © fotolia/Dan Race
S. 11: © Getty Images/iStock/LittleBee80
S. 12: von links: © fotolia/M. Schuppich; © Thinkstock/iStock/didesign021; © iStock/Mark Bowden; © Thinkstock/Monkey Business Images; Foto © Getty Images/E+/ZeynepKaya, Grafik Handy Hueber Verlag, München/Natascha Apelt; © Thinkstock/iStock/diego_cervo
S. 14: von links: © Thinkstock/iStock/AndreyPopov; © Thinkstock/iStock/shyflygirl; © Thinkstock/iStock/erwo1; © Thinkstock/Creatas/Jupiterimages
S. 16: 1. Reihe von links: 2x © Thinkstock/iStock/Wonderfulpixel; © Thinkstock/iStock/Barbulat; © Thinkstock/iStock/Wonderfulpixel; © Thinkstock/iStock/Madedee; © Thinkstock/iStock/Wonderfulpixel; 2. Reihe von links: © Thinkstock/iStock/Wonderfulpixel; © Thinkstock/iStock/Ankudi; © Thinkstock/iStock/marnikus; © Thinkstock/iStock/ukiv007; © Thinkstock/iStock/Wonderfulpixel
S. 17: © Thinkstock/Monkey Business Images
S. 18: A © Thinkstock/iStock/creativecoopmedia; B © Thinkstock/iStock/kadmy; C © Thinkstock/iStock/Louis-Paul St-Onge; D © Thinkstock/Hemera/Ron Chapple studios; E © Thinkstock/iStock/Oskari Porkka; F © Thinkstock/Purestock; G © Thinkstock/iStock/Minerva Studio
S. 20: von links: © Thinkstock/iStock/pixologicstudio; © Thinkstock/iStock/sankalpmaya; © Thinkstock/iStock/melodija; © Thinkstock/iStock/AlexRaths; © Thinkstock/iStock/ATIC12; © Thinkstock/iStock/JackF
S. 21: © Thinkstock/iStock/Dario Lo Presti
S. 22: Anfall © fotolia/ArTo; Pilz © fotolia/Toscana; Blutzucker © fotolia/fovito; Darmverschluss © Thinkstock/iStock/stockdevil; Gallenstein © Thinkstock/iStock/ttsz; Insulin © Thinkstock/iStock/valeriopardi
S. 23: © Astrid Gast – stock.adobe.com
S. 24: Ü1: A © Thinkstock/iStock/Andrey-Popov; B © Thinkstock/Wavebreakmedia Ltd; C © Thinkstock/iStock/loraks; D © fotolia/Tyler Olson; E © fotolia/Africa Studio; F © fotolia/absolutimages; G © fotolia/Dan Race; H © fotolia/upixa; I © fotolia/vladans; Ü3 von links: © fotolia/Jose Luis Stephens; 3x © fotolia/Melinda Armbruester-Seybert
S. 25: © Thinkstock/Wavebreakmedia Ltd
S. 26: 1 © PantherMedia/Peter Jobst; 2 © Thinkstock/iStock/PaulCowan; 3 © Thinkstock/Big Cheese Photo; 4 © fotolia/Robert Kneschke
S. 27: © Thinkstock/Creatas Images
S. 29: © Thinkstock/iStock/Alexander Raths
S. 30: 1 © Thinkstock/iStock/richardlyons; 2 © Thinkstock/iStock/matthibcn; 3 © Thinkstock/iStock/Katarzyna-Bialasiewicz; 4 © Thinkstock/iStock/jwblinn; 5 © Thinkstock/Hemera/Sebastian Kaulitzki
S. 31: © Thinkstock/Stockbyte/Jupiterimages
S. 32: von links: © Thinkstock/iStock/melking; © fotolia/Robert Kneschke; © Thinkstock/iStock/pixologicstudio; © Thinkstock/iStock/Tina Rencelj; © fotolia/Robert Kneschke
S. 33: © Thinkstock/iStock/takasuu
S. 34: Ü2: A © Thinkstock/iStock/takasuu; B © Thinkstock/iStock/takasuu; C © PantherMedia/Christa Eder; D © PantherMedia/Ursula Deja-Schnieder; E © PantherMedia/Ursula Deja-Schnieder; Ü3: links © fotolia/asife; rechts © Thinkstock/iStock/Harvepino
S. 35: © Thinkstock/iStock/AlexRaths
S. 36: 1. Reihe von links: © Thinkstock/Stockbyte/Jupiterimages; © Thinkstock/iStock/myibean; © Thinkstock/iStock/isuaneye; © Thinkstock/iStock/karam miri; © Thinkstock/iStock/Naiyana-Donraman; 2. Reihe von links: © PantherMedia/Tormod Rossavik; © PantherMedia/Rui Dias-Aidos; © PantherMedia/Rui Dias-Aidos; © fotolia/Lucianus; © fotolia/Lucianus
S. 37: © PantherMedia/Rui Dias-Aidos
S. 38: Ü1 © PantherMedia/Rui Dias-Aidos; Ü2: links © Thinkstock/iStock/storeg; rechts © Thinkstock/iStock/storeg; Ü3 von links: © Thinkstock/iStock/simarik; © Thinkstock/iStock/design56; © Thinkstock/iStock/Hlib Shabashnyi; © Thinkstock/Fuse/Beau Lark
S. 39: © Thinkstock/Stockbyte/altrendo images
S. 40: © Thinkstock/iStock/AlexRaths
S. 41: Ü2: A © Thinkstock/iStock/NikiLitov; B © Thinkstock/iStock/Maya Kovacheva Photography; C © fotolia/Travelfish; Ü3: links © Thinkstock/iStock/MR.NATTHAWUT PUNYOSAENG; rechts © Thinkstock/iStock/imagehub88
S. 42: 1. Reihe von links: © Thinkstock/iStock/peterscode; © fotolia/Monkey Business; © Thinkstock/Fuse; © Thinkstock/iStock/semakokal; 2. Reihe von links: © fotolia/paylessimages; © fotolia/jovannig; © Thinkstock/iStock/shironosov; © fotolia/kreativwerden
S. 43: © Thinkstock/iStock/Wavebreakmedia
S. 44: A © Thinkstock/Hemera/Katarzyna Pirkowska; B © fotolia/psdesign1; C © Thinkstock/iStock/Eraxion; D © Thinkstock/iStock/SomkiatFakmee
S. 45: © fotolia/arsdigital
S. 46: A © Thinkstock/Stockbyte; B © fotolia/rdnzl; C © fotolia/Tyler Olson; D © fotolia/th-photo; E © fotolia/WunderBild; F © fotolia/rdnzl
S. 47: © Thinkstock/iStock/Alexander Raths
S. 48: 1, 3 © fotolia/Jürgen Fälchle; 2 © Thinkstock/iStock/7activestudio; 4 © fotolia/Peter Atkins; 5 © fotolia/Michael Tieck; 6 © Thinkstock/Hemera/Alexander Chelmodeev; 7 © Thinkstock/iStock/daizuoxin; 8 © fotolia/Sport Moments
S. 49: © fotolia/MAST
S. 50: A © Thinkstock/iStock/3drenderings; B © fotolia/djama; C © Thinkstock/robinimages; D © iStockphoto/AlesVeluscek; E © Thinkstock/iStock/bochimsang
S. 51: von links: © Thinkstock/iStock/Canonzoom; © Thinkstock/iStock/MARK BOND; 2x © Thinkstock/iStock/Karandaev; © Thinkstock/PhotoObjects.net; © Thinkstock/iStock/Boris Matveychuck
S. 52: Ü1: 1. Reihe von links: © Thinkstock/Fuse; © fotolia/WavebreakMedia-Micro; © fotolia/Jan Jansen; © fotolia/Robert Kneschke; © iStockphoto/sturti; 2. Reihe von links: © Thinkstock/iStock/praisaeng; © Thinkstock/iStock/lzf; © fotolia/Goss Vitalij; © Thinkstock/iStock/Eraxion; © Maksim – stock.adobe.com; Ü2 © Thinkstock/iStock/diaojianqing
S. 53: © Thinkstock/iStock/Maudib
S. 54: Ü1 von links: © Thinkstock/iStock/janulla; © Thinkstock/Purestock; © Thinkstock/iStock/Jana Blašková; © fotolia/CLIPAREA.com; © Thinkstock/iStock/janulla; © Thinkstock/iStock/level; Ü2 © Thinkstock/iStock/g-stockstudio; Ü3: A © PantherMedia; B © Thinkstock/iStock/OSTILL; C © Thinkstock/iStock/FlairImages; D © Thinkstock/iStock/IPGGutenberg-UKLtd; E © Thinkstock/Stockbyte/Jupiterimages; F © Thinkstock/Hemera/Franck Boston
S. 55: © C. Schuessler – stock.adobe.com

S. 56: A © Thinkstock/iStock/simonkr; B © Thinkstock/iStock/audietaylor; C © iStock/domin_domin; D © fotolia/S.Kobold; E © Thinkstock/Wavebreakmedia Ltd; F © Thinkstock/iStock/Kmonroe2; G © fotolia/www.stills-online.de
S. 57: 1 © Thinkstock/iStock/AndreyPopov; 2 © Eric Carr/Alamy Stock Foto – Heparin-Natrium-Flasche zur Injektion.; 3 © Thinkstock/iStock/Geo-grafika; 4 © fotolia/Agnes Sadlowska
S. 58: 1. Reihe von links: © Thinkstock/iStock/billyhoiler; © Thinkstock/iStock/stockyimages; © iStock/deepblue4you; © Thinkstock/iStock/Vitaly Korovin; © Thinkstock/iStock/RobertHoetink; © Thinkstock/iStock/AndreyPopov; © Thinkstock/Wavebreakmedia; 2. Reihe von links: © Thinkstock/iStock/Bart_Kowski; © fotolia/HBK; © Thinkstock/Hemera/Dmitry Vereshchagin; © Thinkstock/Photodisc; © Thinkstock/iStock/muangsatun; © Thinkstock/Photos.com/Hemera Technologies; © fotolia/scol22
S. 59: oben © Thinkstock/iStock/AndreyPopov; unten © Thinkstock/Hemera/Dmitry Vereshchagin
S. 60: © Thinkstock/iStock/Wavebreakmedia Ltd
S. 61: © fotolia/Roland W. Waniek
S. 62: Ü1: 1 © Thinkstock/Fuse; 2 © Thinkstock/PHOTOS.com/Jupiterimages; 3 © fotolia/Robert Kneschke; 4 © iStock/kwanchaichaiudom; 5 © Thinkstock/iStock/IPGGutenberg UKLtd; Ü2: links © Thinkstock/Fuse/Beau Lark; rechts © fotolia/Tobias Hüfler
S. 63: A © fotolia/Swifter; B © Thinkstock/iStock/matka_Wariatka; C © Thinkstock/Wavebreakmedia Ltd; D © Thinkstock/iStock/Thomas Lammeyer
S. 64: Ü1 © fotolia/lom123; Ü2: 1 © Thinkstock/iStock/oceandigital; 2 © Thinkstock/iStock/ChrisPole; 3 © Thinkstock/iStock/kalus; 4 © Thinkstock/iStock/Olga355; 5 © Thinkstock/Fuse; 6 © Thinkstock/iStock/ep_stock
S. 65: © fotolia/richterfoto
S. 66: 1. Reihe von links: © fotolia/AK-DigiArt; © iStock/aprott; © Thinkstock/iStockphoto; © Thinkstock/iStock/Maxel; © Thinkstock/iStock/Ruslan Kerimov; © fotolia/Marijus; 2. Reihe von links: © iStock/bdspn; © fotolia/babimu; © dpa Picture-Alliance/Arno Burgi – Ein Reanimationsbrett, auch Reanimationsplatte (Herzbrett), aufgenommen am 25.09.2013 in Dresden. Die brettförmige Unterlage wird während der Herz-Lungen-Wiederbelebung wegen eines Kreislaufstillstandes unter den Brustkorb des Patienten gelegt, um eine gute Herzdruckmassage zu gewährleisten.; © fotolia/Uwe Landgraf; © Thinkstock/iStock/KatarzynaBialasiewicz; © Thinkstock/iStock/makaule
S. 67: © Thinkstock/iStock/ARICAN
S. 68: A © Thinkstock/iStock/JFalcetti; B © fotolia/Christoph Burgstedt; C © Thinkstock/iStock/Carolina K. Smith,M.D.; D © Thinkstock/iStock/AlexeyKamenskiy; E © fotolia/Henning Riediger; F © Glow Images/F1 online RM; G © Thinkstock/iStock/herjua; H © fotolia/psdesign1
S. 69: © Glow Images/F1 online RM
S. 70: Ü1: 1 © Thinkstock/iStock/Hemjaa; 2 © Thinkstock/Fuse; 3 © Thinkstock/iStock/littleny; 4 © Thinkstock/iStock/cookie_cutter; 5 – 7 © Thinkstock/iStock/ttsz; 8 © Thinkstock/Hemera/Hakan Corbaci; Ü2: Sehne © Thinkstock/iStock/goa_novi; Band © Thinkstock/iStock/Eraxion
S. 71: © Thinkstock/Hemera/Hakan Corbaci
S. 72: A © Thinkstock/iStock/Wavebreakmedia; B © Thinkstock/iStock/PeterTG; C © Thinkstock/BananaStock/Jupiterimages; D © Thinkstock/iStock/SKatzenberger; E © Thinkstock/iStock/Zametalov; F © iStock/Scharvik; G © Thinkstock/iStock/defun; H © Thinkstock/iStock/Ruben Pinto; I © Thinkstock/iStock/Amawasri; J © ReWa GmbH; K © Thinkstock/iStock/urfinguss
S. 73: © fotolia/Agnes Sadlowska
S. 74: Ü1: brennen © Thinkstock/iStock/intek1; beißen © Thinkstock/iStock/simazoran; stechen © fotolia/lotus-color; schneiden © Thinkstock/iStock/worac; Ü2: A © Thinkstock/iStock/Balkonsky; B © Thinkstock/iStock/Hemjaa; C © Thinkstock/iStock/Judith Glick Ehrenthal; D © Thinkstock/iStock/Amawasri; E, F © Thinkstock/iStock/ca2hill; G © Thinkstock/iStock/ken Roberts
S. 75: © fotolia/F.C.G.
S. 76: Ü1: 1. Reihe von links: © Thinkstock/Comstock/Stockbyte; © Thinkstock/iStock/kzenon; © Thinkstock/iStock/alexlobur; © Thinkstock/Valueline/Medioimages/Photodisc; © Thinkstock/iStock/msk.nina; 2. Reihe: Obduktion, Verstorbener © Thinkstock/iStock/KatarzynaBialasiewicz; Pathologie © Thinkstock/iStock/silavsale; Zehenzettel © Thinkstock/iStock/michaklootwijk; Ü2 © Agence DER – stock.adobe.com
S. 77: © iStock/KatarzynaBialasiewicz
S. 78: 1. Reihe von links: © Thinkstock/iStock/PeJo29; © Thinkstock/Hemera/Zeljko Bozic; © Thinkstock/iStock/TAGSTOCK1; © Thinkstock/iStock/drawdrawdraw; 2. Reihe von links: © Thinkstock/iStock/stockdevil; © Thinkstock/iStock/RusN; © Getty Images/iStock/Douglas Cliff; © JFontan – stock.adobe.com
S. 79: © Thinkstock/iStock/ksass
S. 80: Ü1: 1 © Thinkstock/iStock/baibaz; 2 © Thinkstock/iStock/Radu Sebastian; 3 © Thinkstock/iStock/janulla; 4 © Thinkstock/iStock/AnaBGD; Ü2: A © Thinkstock/iStock/iJacky; B © Thinkstock/iStock/BravissimoS; C © Thinkstock/iStock/Adam88xx; D © www.medsorg.de / Medsorg GmbH, Mülheim/Ruhr; Ü3: links © fotolia/www.damato-fotografie.de; rechts © Thinkstock/iStock/margouillatphotos; Ü4 © Thinkstock/Hemera/Peter Nguyen
S. 81: Ü5 © iStock/lenad-photography; Ü6 © Thinkstock/iStock/Magone
S. 82: 1. Reihe von links: © Thinkstock/iStock/semnic; © Thinkstock/iStock/KatarzynaBialasiewicz; 2x © Thinkstock/iStock/Eraxion; 2. Reihe von links: © Thinkstock/iStock/ThaiBW; © Thinkstock/iStock/pavlemarjanovic; © Thinkstock/iStock/toeytoey2530
S. 83: © Thinkstock/iStock/toeytoey2530
S. 84: 1. Reihe von links: © Thinkstock/iStock/XiXinXing; © Thinkstock/iStock/Injenerker; © Thinkstock/iStock/dina2001; © Thinkstock/iStock/Suze777; 2. Reihe von links: © Thinkstock/Wavebreakmedia Ltd; © Thinkstock/iStock/sudok1; © Thinkstock/iStock/MrsWilkins; © Thinkstock/iStock/Denniro
S. 85: © Thinkstock/iStock/dina2001

Bildredaktion: Nina Metzger, Hueber Verlag, München

Audios

Sprecherinnen und Sprecher: Stefanie Dischinger, Henk Flemming, Arne Hörmann, Crock Krumbiegel, Hubertus von Lerchenfeld, Anette Wunsch, Angelika Utto

Aufnahmen und Postproduktion: Tonstudio Langer, Neufahrn bei Freising

Weitere Titel

Im Beruf NEU,
Fachwortschatztrainer
Küche und Restaurant
ISBN 978-3-19-351190-4

Im Beruf NEU,
Fachwortschatztrainer
Reinigung
ISBN 978-3-19-371190-8

Im Beruf NEU,
Fachwortschatztrainer
Technik
ISBN 978-3-19-311190-6

Im Beruf NEU,
Fachwortschatztrainer
Erziehung
ISBN 978-3-19-361190-1

Im Beruf NEU,
Fachwortschatztrainer
Einzelhandel
ISBN 978-3-19-381190-5

Im Beruf NEU,
Fachwortschatztrainer
Transport und Lager
ISBN 978-3-19-341190-7